JN186137

日本経済《悪い均衡》の正体

社会閉塞の罠を読み解く

伊藤修

明石書店

はしがき

本書は、長期にわたりつつある日本経済の停滞ないし社会閉塞の構造を、可能な限りリアルに、したがってまた総合的に、解き明かそうと試みたものである。

この場合、「リアル」は同時に「総合的」でもあると考えている。なぜなら、この停滞・閉塞はどこか一分野・一原因から発しているのではなく、複数の分野に悪い状態があり、しかもそれらが相互に絡み合った全体によって、現状がつくられていると思えるからである。そこで、事実に密着しようとすれば、自分の専門分野に限るのでは足りず、経済学の枠をはみ出してでも、政治や社会意識など、必要な要因・領域にまで対象を広げざるをえない。こういう意味である。もちろん、超人ならざる一個人がそれを行うことはきわめて難しいであろう。ましてや筆者の限られた能力をもってしては。しかし、学問の枠組みの都合の側よりも、解明さるべき事実の方が、圧倒的に重要である。そうであれば、困難でもチャレンジしてみなければならない。

*　　*　　*

では具体的に、どのような総合的な像が描き出されたか。それは本論の第一章で要説してあるので、詳しく繰り返すことは避けよう。ごくごく簡単な見取図と、その背後にある問題意識を少々、ここでは述べる。

まず、「停滞」つまり検討すべき対象の実相を、冷静に見極める必要がある。「世界で一番○○」などと根拠のない自己愛を掻き立ててみたり、中国、韓国、米国、欧州……の「崩壊の危機」を言い立てて相対的に安心しようとするような流行の病的議論は論外として、日本の現状を破滅的な危機とみて感情を昂らせて焦燥するのも、意気消沈するのも、ともに役に立たない。少子高齢化、労働人口減少がマイナス要因になっているほか、各成長指標で先進国中におけるかつての上位から下位に移り、それは潜在能力をうまく活用できていないために生じていて、国民の厚生（満足）を削減している。こうした相対的で、また冷静に対処可能な問題であることを出発点にしなければならない。

次には、そのうまくいっていない構造の解きほぐしである。

企業（私的部門）では、「効率化」を通じた不効率、ともいうべき現象が起きている。たるんでいて努力が足りないのではない。いかにも日本らしく、むしろ過剰なほどの努力・頑張りが傾注され、しかし頑張るほど状況は悪くなった。マーケット・ニーズ把握との結びつきが足りずに開発が「ガラパゴス化」に至ったり、他と差異化した独自の戦略策定が不十分なために、横並び競争から低収益、つまり首の絞め合い、共倒れに陥っている。競争は内に向かって人件費コスト引き下げ競争を引き起こし、その結果は所得、購買力、需要の縮小という合成の誤謬となって、全企業に条件悪化として跳ね返る。低条件な不本意非正規雇用の激増や、サービス残業という違法行為を含む長時間労働の蔓延は、少子化の原因となって全企業の首を絞める。

政治・行政（公的部門）では、国民の負担忌避の心情と、効率指向の受け容れを背景にして、一方では財政赤字が破綻寸前にまで拡大し、他方では所得再分配機能の縮小と格差の拡大、社会保障整備の未達成をはじめとする公的調整機能の縮小が進行した。それは将来不安を生み、所得減少要因とともに支出（購買力）を萎縮させた。

右のことと密接なつながりをもつのが、社会意識、メディアの役割といった精神の領域である。経済学の潮流もそれに（悪い）影響を及ぼした。実生活上のストレスから、ワイドショーや週刊誌での飽くことを知らないアラ探し・スキャンダル追及の風潮と同じく、他人を批判し吊るし上げる集団リンチ現象、魔女狩り衝動の広まりがみられる。それは既得権益探し、既得権者狩りとなって、右にみた公的部門、私的部門にわたる「削ぎ落とし」の動きを促した。負担忌避もこれと関連している。メディアはこの劣情を煽ることで利益を追求してきた。また経済学の説く効率化も、資源投入の最小化という本来の意味から外れて、実際にはこうした魔女狩り、削ぎ落とし要求の社会意識と結びつく形で受容あるいは利用された。

これらの要因は、（悪い方向へ）相互に支え合い、強め合い、その総体として停滞と閉塞の状況をもたらしている。これを本書では《悪い均衡》と表現した。そしてそこからの脱出を考えた。結果的に、二〇〇七年の拙著『日本の経済』（中公新書）の続編のようなものになった。

＊　＊　＊

冒頭に述べたように、課題と対象が広い領域にわたり、経済学の守備範囲をはみ出していて、筆者の力量を相当超えていることは承知している。読者諸氏による批評を予定しつつ、敢えて一つの試論を世に問うものである。

それにあたって、「…理論、…説の立場から」――その場合、多くは主張したい結論が先にある――でなく、より重要な〝事実〟そのものを虚心に観察し、傾向や規則性を見出し、それに密着して説明、理論化する、という方法をとることになった。筆者にも価値判断や好悪の傾向があるのはもちろんだが、思想的流派や「…の立場から」には興味があまりない。近年、ある思想や理論に立ってものごとを論ずる・斬る方法が意外に流行しているように思えるが、それとは違って、本書に流儀があるとすれば、事実第一主義とでもいうものである。書き上がってから、若いころ故・中村隆英先生に徹底的に叩きこまれた基本に、結局立ち戻ってきているのだなと気がついた。〝必ず明白な証拠を出してものを言いなさい〟も師の教えである。この点は、今回の課題が広いために十分満たせなかった部分もあるが、現状ではここまでである。

なお、ついでにいえば、実際に問われる現代の経済問題は、この例のように幅が広い。こうした課題と対比したときに、現在の経済学とその教育は十分適切であろうか。筆者は疑問――もっと強くいえば、狭すぎるのではないかという批判――をもっている。少なくとも社会科学の全体が基本レベルで見渡せ、そのなかで経済学を位置づけられるだけの視野の広さを養わなければならないのだと思う。

＊　＊　＊

本書のプランの声をかけてくれた明石書店編集部の小林洋幸氏と当初話し合ったのは、「経済論議の三〇年をふりかえる」といったタイトルで、近年の経済論議を批判的に再検討してみようかということであった。しかし書いているうちに、それではやや間接的で言いたいことが十分に扱えない、日本経済閉塞の構造にもっと正面から対決してみたいという気持ちが強くなってきた。再検討の結果たどり着いたのが本書の内容である。

この長い経過を通じて、小林氏と神野斉編集部長には大変にお世話になった。また、信頼する長年の畏友、神津多可思氏（リコー総合研究所所長）と平地一郎氏（佐賀大学教授）には、ともに多忙極まるなか、無理を言って、本書の草稿にコメントをいただいた。これらの方々に深甚の感謝を申し上げたい。筆者の力量不足から、修正・改善は十全にはできなかった。残る誤りや問題点は当然すべて筆者の責任に帰する。

ともあれ、本論で述べたように、研究時間が圧縮されてきわめて不足している日本の大学の惨状のなか、自分としては必死の抵抗を試み、考えていた課題全体に対する一応の回答をまとめることができた。このことには、いま、それなりの達成感を覚えている。

還暦になり、ゴールが近づいてきた筆者としては、日本の学問・教育のために、後輩の研究者たちにはもっと研究時間を与えてやってほしいと、切にお願いする。いま高等教育政策の最重要な課題は、日本の学生をアルバイト過重な苦学生に追い込んでいる、限界を超えた授業料を引き下げること、一部経営者層の有害な口出しを無視すること、研究者に研究時間を与えること、である。このままいくと、日本の足を引っ張る大変な事態になる。

二〇一六年一一月一四日
桜の木に囲まれた中庭が見下ろせる 浦和の大学研究室で
伊藤 修

〔追記〕

本論を書き上げてから、二〇一六年九月に日銀による異次元緩和政策の「総括的な検証」と新政策が発表された。これについて私見を簡単に述べておくことにする。一言でいえば、客観的には「アベノミクス」・異次元緩和の「後始末の模索の始まり」を意味するものである。

二〇一三年から二年程度でデフレから脱却するために、効果が出る経路も、したがって有効性も明確ではないが、予想外の大規模な買いオペ＝ベースマネー供給によって人々の消極的マインドを変える可能性に賭けてみる、というのが異次元緩和政策であった。

こんにちまでのところ、この賭けは成功しなかった。それだけではなく、途中で追加したマイナス金利政策の副作用で、長期金利がマイナスでは運用のしようがないという金融機関の悲鳴が上がってきた。さらに、国債八〇〇兆円のうち日銀が四〇〇兆円をすでに買い上げ、現行の買いオペ政策を続けられる残り時間はあと一年か二年かという地点まで来た。その先には、金利上昇、すなわち国債価格低下による損失が待っている。こうして後始末の模索を始めることが不可避となった。

しかし同時に、軟着陸の模索の出発点で、撤退開始が市場の総崩れを招くことは何としても避けなければならない。そのために、(量から金利へというように)論点をずらし、注目を逸らして、波乱を起こさない工夫を周到に用意する(実際に波乱回避には当面成功した)。

これが新政策の要点であった。

一つは「オーバーシュート型コミットメント」で、「二年でデフレ脱却」の作戦失敗を認め、「デフレ脱却まで緩和を継続」に作戦変更したことを意味する。

もう一つは「イールドカーブ・コントロール」で、これは、一〇年などの長期金利がマイナスとなっていることが、金融機関の運用をきわめて困難にしている副作用に対処し、マイナスでなくせめてゼロ近辺へ引き上げるとの、事実上の部分撤退宣言にあたる。より重要なのは、こうした金利コントロールの達成のため国債買いオペを適宜(柔軟に)操作する、さしあたり従来ペース(年八〇兆円)を「めど」とする、とした点である。「めど」とするが、増やすことはほぼ考えられず、実際にはしだいに縮小していくほかないのであって、事実上の撤退模索開始宣言にあたる。

——こうした難局にあって、「リフレ派」「アベノミクス」の理論(われわれはそれには重大な誤りがあると指摘してきた)との論争に決着がついたと祝っている場合ではない。批判だけでは済まず、政局に利用する場合でもない。市場の崩壊を避けながら、「アベノミクス」・異次元緩和の後始末をして軟着陸を図ることは、真にむずかしい課題である。総力を挙げて、知恵を絞らなければならない。

そして、それに成功したとしても、日本経済の停滞という本題は片付いていない。ここにチャレンジするには、本書で解剖を試みた停滞の悪循環構造からの総体としての脱却の必要がある、と考えている。

目次

日本経済《悪い均衡》の正体——社会閉塞の罠を読み解く

第1章　総　論

1　悪い均衡

本書の主題

日本経済は、一九九〇年代初めに崩壊したバブルの直接の反動作用による停滞（前半）と、二〇〇〇年代半ばに不良債権問題が一段落したのちも長期的な構造要因によって続く停滞（後半）——この二つの局面を通して「失われた二〇年」などと呼ばれる不振のもとにある。[1] 本書は、日本経済が陥っている停滞の罠の構造を解きほぐし、それにより脱出の方向を考察しようとするものである。

現在の日本経済が陥っている停滞ないし閉塞の原因には、多くの候補が挙げられている。金融、財政、規制などの政策を誤ったという主張は、誰もが繰り返し聞いてきたはずである。その背景に政治や行政の構造の問題点があるとの指摘も多い。こうした公的な分野のほかにも、企業経営のあり方、雇用や労働、あるいは社会意識の歪みなど、元凶として取り上げられている分野や要因がある。たとえば、そうした諸要因を最も包括的に取り上げたものの一つである船橋洋一編（二〇一五）には、財政・金融政策のほか、人口（少子高齢化）、企業経営、雇用、労働、格差、教育、政治改革、外交、価値観のあり方の問題などが挙げられている。しかも、それぞれの分野の問題点について、異なった――場合によっては真正面から対立する――意見が主張されてきた。意見の相違をもたらす基本的な対立軸は、市場競争と「小さな政府」の方向へ徹底する改革が不十分であるとするか、逆にそうした方向が悪い結果を生んできたとするか、にある。

まず明らかなのは、いずれか特定の一分野、一つの要素が諸悪の根源であるといった単純化はリアリスティックでなく、複数の分野で、罠にはまったというべき問題点を抱えていることである。さらに、各分野の問題点は互いに原因となり結果となり、フィードバックする（補完しあう）かたちで相互関連している。つまり、複数の分野〝間〟でも悪循環的な状態が生じている。したがって一点を修正すれば全体状況が好転するという単純な構造には、ない。悪い状態からの脱出を図るには、右のような相互関連、悪循環の構造を解きほぐし、その「総体を移行させる」ことを構想しなくてはならないであろう。

本書では、こうした停滞の構造を、《悪い均衡》（bad equilibrium）に陥っているととらえる。「失敗の合成」（composition of failures）、「悪循環」（vicious circle）、「罠」（trap）に落ちていると言い換えても

1　このように二つの局面に明確に分けてとらえるべきであるという点は、福田慎一（二〇一五）を参照。

よい。ここでは、悪い均衡という表現がふさわしいと考え、鍵になるコンセプトとして用いて、その構造、成り立ちの経緯、そして転換の方向を分析する。

本書の構成は以下のようになっている。第1章は総論として、本書全体の見取図を概括的に示す。第2章では近年の経済学の主流の傾向について考察する。それは、思潮、社会意識、そして私的には企業経営、公的には政策に影響を与えてきた。第3章では、停滞の契機になった金融の攪乱、すなわちバブルから金融危機、およびこんにちまでの動向を再検討する。第4章は、企業部門の内向と縮小均衡、それが社会全体にもたらしている作用を分析する。第5章では、公的分野、すなわち政治・行政の動向と欠落点、それと密接な関連をもつメディアと社会意識の問題を扱う。第6章は結びにあたり、現在進行中のことがらとして、国際的な立ち位置、「アベノミクス」の検討ののち、本書全体の分析をふまえて導出される《悪い均衡》からの脱出の方向を整理する。

日本経済のパフォーマンス

まず、停滞といわれる日本経済のパフォーマンスを、GDPの数値からあらためて確認しておく。バブル崩壊後、日本の経済成長率はほぼゼロ%近辺にとどまり、先進国の中でも低い。ましてや新興国の成長とは大差がついた。その結果、二〇〇〇年時点では世界のGDPの一二%ほどを占め、アメリカの約半分で二位にあった位置が、直近では五%ラインにまで下がった。二〇一〇年に中国に抜かれて三位になったのち、日中の差はすでに二倍以上に開いている。以上は為替レートによる換算・比較であり、もう一つ別系列のデータである購買力平価（物価比）を用いた換算によれば、直近ではインドの下に位置して四位である。

最近のGDPランキング表で世界を俯瞰してみよう。表1－1は、左の列から、二〇一五年の各国の①GDP（為替レート換算・兆USドル）、②同（購買力平価・兆ドル）、③国民一人当たりGDP（為替レート・ドル）、④同（購買力平価・ドル）を取り上げて、上位一〇か国とそれ以下のいくつかの国（アジアを中心とする）を列挙している。

①では、日本は米・中に次ぐ三位、②（物価水準が低い国ほど①より上位になる）では、すでに中国が首位、次いでアメリカ、インド、日本は四位にある。次に、経済水準をおおよそ表わす一人当たりGDPは、③は為替レートの変動によって大きく変化するが、上位は五万ドル超で、アメリカは六位・五万六〇〇〇ドル、ドイツが二〇位・四万一〇〇〇ドル弱（フランス・イギリスも同程度）、日本は約三万二〇〇〇ドルで二六位まで下がっている。④では、表には挙げていない国も含め、アメリカ一二位・五万六〇〇〇ドル、ドイツ二〇位・四万七〇〇〇ドル、フランス二七位・四万一〇〇〇ドルに対して、日本は三〇位・三万八〇〇〇ドルである。アジアでは韓国が日本とほぼ同じ三一位・三万七〇〇〇ドル、それよりも上位にシンガポール四位・八万五〇〇〇ドル、香港一一位・五万七〇〇〇ドル、台湾二一位・四万七〇〇〇ドルなどとなる。

ちなみに、ここで注目されるのは北欧諸国の所得の高さであり、④でみると、ノルウェー七位・六

③一人当GDP（$）			④一人当購買力平価GDP（$）		
1	ルクセンブルク	101,994	1	カタール	132,098
2	スイス	80,675	2	ルクセンブルク	98,987
3	カタール	76,576	3	マカオ	98,135
4	ノルウェー	74,822	4	シンガポール	85,253
5	マカオ	69,309	5	ブルネイ	79,586
6	アメリカ	55,805	6	クウェート	70,165
7	シンガポール	52,887	7	ノルウェー	68,430
8	デンマーク	52,114	8	UAE	67,616
9	アイルランド	51,350	9	サンマリノ	63,103
10	オーストラリア	50,961	10	スイス	58,551
12	スウェーデン	49,886	11	香港	56,700
18	香港	42,389	12	アメリカ	55,805
20	ドイツ	40,996	17	スウェーデン	47,922
26	日本	32,485	20	ドイツ	46,893
30	韓国	27,195	21	台湾	46,783
36	台湾	22,287	30	日本	38,054
75	中国	7,990	87	中国	14,107

万八〇〇〇ドル、スウェーデン一七位・四万八〇〇〇ドル、デンマーク二三位・四万六〇〇〇ドルとなっている（為替レート換算の③では、順に四位、一二位、八位）。北欧福祉国家は経済効率で劣るに決まっているとつねに言われてきたが、それは正しくなかったことがわかる。事実として、北欧諸国は経済効率において高いパフォーマンスを上げているのである。相対的に高い成長率を維持しているのは主に生産性上昇率の高さによることが知られている。効率一辺倒を追求し、それ以外の要素の削ぎ落としに注力してきた日本その他の国よりも、結局パフォーマンスがよかったことを直視しておきたい。

表１－１　GDPランキング　(2015)

①GDP（兆$）			②購買力平価GDP（兆$）		
1	アメリカ	17.95	1	中国	19.39
2	中国	10.98	2	アメリカ	17.95
3	日本	4.12	3	インド	7.97
4	ドイツ	3.36	4	日本	4.83
5	イギリス	2.85	5	ドイツ	3.84
6	フランス	2.41	6	ロシア	3.71
7	インド	2.09	7	ブラジル	3.19
8	イタリア	1.82	8	インドネシア	2.84
9	ブラジル	1.77	9	イギリス	2.68
10	カナダ	1.55	10	フランス	2.65
11	韓国	1.38	13	韓国	1.85
12	ロシア	1.32	20	タイ	1.11
16	インドネシア	0.86	21	台湾	1.10
22	台湾	0.52	28	マレーシア	0.82
27	タイ	0.40	29	フィリピン	0.74
35	マレーシア	0.30	35	ベトナム	0.55
40	フィリピン	0.30	46	オーストリア	0.40

出所：IMF

ともあれ、以上の数字を見ると、日本は危機的な状態にあると受け取られるであろう。

ただし、たとえばアメリカではこんにちでも人口が十年間に実に三〇〇〇万人のペースで増えているのであり、カナダやオーストラリアも状況は似ている。これは人口減少下の日本と条件がまったく異なる。

この点については、すでに白川方明（二〇一二）が重要な指摘をしている。二〇〇〇～二〇一〇年の期間において、日本の実質ＧＤＰの年平均成長率〇・九％は、主要先進諸国（アメリカ・イギリス・ドイツ・フランス・ユーロ圏）の中で最も低いが、「国民一人当たりの実質ＧＤＰ成長

表1－2　主要国の国民1人当たり実質GDP成長率等の比較

A：1人当たり実質GDP成長率（%）

	1980-84	1985-89	1990-94	1995-99	2000-04	2005-09
日　本	2.9	4.7	1.9	0.5	1.2	▲0.2
アメリカ	1.5	2.8	1.1	2.8	1.7	▲0.1
ドイツ	1.2	2.4	▲3.3	1.4	1.0	0.9
イギリス	0.9	3.7	0.9	2.9	3.1	0.2
フランス	1.0	2.5	0.9	2.0	1.3	0.1

B：労働生産性寄与度（%）

	1980-84	1985-89	1990-94	1995-99	2000-04	2005-09
日　本	2.7	4.3	2.8	1.7	2.1	0.7
アメリカ	1.1	1.3	1.6	2.3	2.3	1.1
ドイツ	2.3	2.6	▲2.3	2.2	2.1	0.0
イギリス	3.0	1.1	2.8	2.2	2.6	0.8
フランス	3.2	2.8	1.3	1.9	1.6	0.6

注：労働生産性はマン・アワー（時間）当たりベース。
出所：『通商白書』2013年版、9ページ（原データはOECD Stat）

C：生産年齢人口1人当たり実質GDP成長率（%：2000-2010）

日　本	1.5
アメリカ	0.8
ドイツ	1.5
イギリス	1.2
フランス	0.8

出所：白川方明（2012）

率」では〇・八%で、アメリカ・ユーロ圏と等しく、フランスの〇・七%よりも高い。さらに、「生産年齢人口一人当たり実質GDP成長率」（表1－2－C）では一・五%で、ドイツと並んで最も高い（最低はアメリカ・フランスの〇・八%）。つまり、現役で働いている世代の生産性の上昇は低くなく、人口と、その中での現役世代の比率の減少が、国としての経済規模の停滞をもたらしていることになる。

この点をもう少し見よう。表1―2―A・Bは、日本・アメリカ・ドイツ・イギリス・フランスの一人当たり実質GDP成長率と労働生産性の寄与度を、一九八〇年以降について比べている。これによれば、日本の一人当たりGDP成長は、高度成長の終了後も一九九〇年代前半までは、他を圧して高かった。しかし九〇年代後半の金融危機局面で最低位に下がり、二〇〇〇年代にも下位グループに位置している。生産性寄与度も、一九九〇年代央をはさんで高位グループから低位グループに転じた。

悪い構造

右のような数値を客観的にみると、日本のパフォーマンスがひとり壊滅的だといったイメージは正確ではない。したがってまた、情緒的な危機感を抱き、そこから出発すべきではない。そこからは的確な対応は出てこないであろう。ゼロ％に近い低成長となった直接の大きな原因は、人口の減少、現役生産世代の割合の減少にある。ただし一方で、各種の成長率でみたパフォーマンスが先進国中の最上位グループから下位グループに転じたこと、絶対水準において大幅に低下したことも、事実である。破綻状態ともいうべき財政の悪化も負の側面に加えなければならない。そしてのちに確認するように、右の重要問題である少子高齢化、人口減少、潜在的労働力の不活用など自体も、日本の社会経済のあり方に起因するところが大きいのであるから、現代日本のシステムには、潜在力を活かす上での失敗あるいは欠陥が存在するということになる。

ＧＤＰ、成長率は停滞の問題のすべてではなく、一つの表われ、指標にすぎない。経済の最終的な問題は国民の厚生（welfare）、満足度である。現在の日本は、障害の構造を抱え込むことで潜在力が抑圧され、結果として満足度が低められている。このことが停滞の問題なのである。以上から、必要なのは、潜在力を抑制している悪い構造の冷静な解剖なのだといえる。

ここで、さきにキー・コンセプトとしておいた「均衡」（equilibrium）について確認しておこう。均衡は、もともとは力学の概念で、複数の力が相互に影響を及ぼし合った結果として、釣り合った状態の一定点に落ち着き、前提条件の変化がない限りそこから動かないことを指す。需要と供給の均衡もそうした概念である。ゲーム理論でも欠くことができない役目を果たし、有名な「囚人のジレンマ」の例ではこうなる。共犯とみられる二人の囚人が収監されていて、互いに連絡も相談もできない。もちろん仮想だが、二人とも黙秘すれば双方とも懲役一年、二人とも自白すれば双方とも懲役五年、一人が自白し他方が黙秘した場合は司法取引により、自白した方が無罪で黙秘した方が懲役一〇年だとしよう。このとき、双方とも、相手の出方を考えて自分の手を決める。相手が黙秘する場合、自分は自白してしまった方がよい。相手が自白する場合は、自分も自白すべきである。どちらの場合も、自白する方が得だという結論になる。相手もそう考えるだろうと双方とも考える結果、双方とも自白するであろう。将棋やカードゲームなどと同じく、相手の出方を読んで自分の手を決める相互作用が働くので、こうした分析はゲーム理論と呼ばれる。結果は、複数の力が相互作用した末に一点に落ち着く「均衡」である。将棋で双方が同じ手を繰り返すしかなくなる「千日手」に陥った状態は、イメージとしてわかりやすいであろう。右のケースでは均衡は「共倒れ」の結果になっている。いくつかの分野での問題点が相互関連した合成結果として罠に落ちている状態を、《悪い均衡》という概念で表わすのは、このようなイメージになる。

経済成長率が低下すると、システムの欠陥が顕在化しやすい。急速な規模の拡大に覆い隠されていた問題点が表面に出るのである。急速な拡大を前提にして構築されていた戦後日本型システムの場合、このことはとりわけ激しく表われた。たとえば労働の移動は、拡大のもとでは吸収先が大きいために比較的容易であるが、低成長下では大きな摩擦となる。新規開業も、市場の拡大が止まっているもとでは困難が増す。人事管理においても、逆ピラミッド型となった世代構成のもとで、昇進ポストの用意が難しくなるし、新規採用抑制の場合も急激にならざるをえず、のちにある世代が空白になるなど構成が歪みやすい。公的部門でも、毎年大幅に増加する税収を配分する状態と比べると、財政運営の困難さは格段に増大する。これらから、システム見直しの必要も大きくなる。

このようにさまざまな分野で生ずる問題を整理し、《悪い均衡》の構造の要約図を示しておきたい。問題が所在する分野を、まず大きく民間（主として企業）部門と政府部門とに分ける。さらに、通常の経済分析には出てこないが本書の課題には不可欠な領域として、精神（社会心理）や理論、政治、メディアの問題を取り上げる。こうした区分が次章以降の章立てにもなっている。

企業分野の《悪い均衡》

まず企業部門の問題から考えよう。

近年の日本企業に見られたのは、横並び競争、特に、どこも同じように人件費削減を中心とするコスト・カットに主として依存したことであった。横並びは、周囲と同じくしていれば安心だと安易に群れる心理、あるいは慣習の継続や先送りによるものと揶揄されるが、そのように単純ではなく、一つの競争のあり方、利益最大化をめざした選択の結果である。すなわち、少なくともどの局地戦においても失点を避けようとする競争の戦略がとられている。その結果、マーケットが高成長していないときには、他と異なる戦略にもとづく棲み分けによってそれぞれ独占的利益を得るのに比べ、全線戦で価格低下と低収益性が生ずるという共倒れ状況に行き着く。それでも生き残るには内部にしわ寄せして無理を強いるほかない。独自戦略にもとづく前向きの投資が落ち込むうち、かつて最新鋭を誇った日本の産業設備はすでに老朽化した。横並びは、独自なニーズ把握の弱さともつながる。「ガラパゴス化」と呼ばれる現象は、ここからきているであろう。把握されるべきマーケット、そのニーズから乖離して、技術それ自体の追求に走る結果である。

このように、独自の戦略をもって他と差異化し、独自の「選択と集中」を行うには、大きな困難があった。そこで、現行システムを根本的に見直すのでなく、どの企業でも直接的なコスト削減策として正規雇用を削減し、残存の人員に無限定の敢闘を強いた。システム見直しがなされないもとでの限度を超えた人員の削減によって、正当な休暇もとれない、むしろ休暇をとる同僚に怒りが向く、同僚の事情を理解し共感することができないといった状態が広がった。共感と協力という人間的感情――その強靱さが、震災時に国際的に賞賛された日本社会の強みだったはずである――さえ麻痺した状態に慣れてしまっている現状を、危機感をもって認識すべきであろう。

そのもとで、長時間労働を余儀なくされる従業員の割合が国際的に突出して多く、[2] 過労死Karoshiは国際語にもなった。しかも「サービス残業」が日常化している。それは賃金不払いであり、いうまでもなく違法である。違法行為に依存した経営が日本企業に蔓延しているのである。

湯水のように労働を投入しているのであるから、このコスト削減は本来の効率化ではない。経済学における効率（efficiency）は、労働を含む生産要素の投入（input）を最小にして、社会的ニーズのある産出（output）を最大にすることであるから、それに反している。このことも直視しなければならない。

一方では非正規雇用依存が強まった。「多様な働き方」として自ら望む場合は、問題ではない。問題は、正当化されない（＝不当な）単位価格（すなわち時給）の格差と、「不本意非正規」にある。「非正規」雇用という言葉は、国際的に通用する翻訳が困難である。Part timerは短時間労働者であり、

2　総務省「労働力調査」によれば週六〇時間以上働く超長時間労働者が一割近くいる。

Tentative workerは臨時的雇用であって、これならば国際標準で存在するし、賃金格差も程度の差はあれ、どの国にもある。しかし日本の「非正規」の観念はそのどれでもなく、そもそも権利が異なるカテゴリーという意味になる。このように別のカテゴリーである（あってもよい）という観念が問題であって、国際的な標準から外れ、身分差別にあたるといわざるをえない。その点で、このコスト削減もまた、市場競争的な本来の効率化ではない。まわりが皆やっているなら、許されるなら、自分も利用しようという一種の甘えの上に激増したものである。

以上のように、この間の日本で行われてきた人件費コスト削減は、市場競争的な効率化ではなく、完全競争市場のモデルから乖離した「買手独占」（monopsony）の力にもとづく買い叩きに、主としてよるものである。それはルール違反、違法の領域にまで踏み入っている。この独占に対抗する力（ガルブレイス流にいえば拮抗力[3]）となるのは、労働組合などの労働者集団であり、それをサポートすべきなのは労働基準監督行政にほかならない。したがって労働組合と労働基準監督行政の強化は、現在の日本経済にとって最も重要なことの一つである。また、経営に対するチェック（ガバナンス）の機構として外部取締役などの制度が重視されているが、日本の条件では、従業員集団が最も重要なチェック役でありうる。高度成長期にはそのチェック力が、大きな反対や混乱を引き起こさないように提案を練り上げる必要を通じて、経営に緊張感ないし規律をもたらす効果をもっていたが、現在では弱まりすぎている。この面でも、従業員集団・労働組合の強化が必要である。

右のような企業経営の現状は、「兵は一流、士は二流、将は三流」と国際的に評された旧日本軍の組織体質と同じ面をもつものとも解される。経営上部が戦略・システム運営の責任を放棄して現場に転嫁する、すなわち日露戦争の旅順攻防戦における肉弾突撃敢行に似た型の無制限な「前線敢闘」に依存する構造である。

悪循環の発生

人件費削減、賃金引き下げは、個別の企業（ミクロ）で考えると、一定額の総人件費のもとで雇用の増加を可能にするが、集計された経済全体（マクロ）では、労働需要の価格（賃金）弾力性が一を上回らない限り――賃金が一％下がったとき雇用が一％以上増えるのでない限り――総所得を減少させる。そのうえ、賃金引き下げの実施という行為が将来不安を高め、支出性向を低下させる効果が加わるであろう。消費の減少を上回って投資等の増加が生じない限り、総需要は縮小し、すべての企業にとって売り上げが減少するので、雇用も増えない。競争の結果としてマクロでは前提条件が変わってしまう（この例では総需要の縮小）ために、ミクロと同じ結果にはならない。このメカニズムは「合成の誤謬」（fallacy of composition）と呼ばれる。個々の利潤追求、コスト削減競争は、需要の縮小、すべての企業にとっての売り上げ減少をもたらす共倒れに結果した。このプロセスは縮小均衡の悪循環で

3　“Countervailing Power”: Galbraith (1952)

ある。マクロの需給バランスは大幅な需要不足（デフレ・ギャップ）となった。

労働分配率が低下し、企業の利益は増加した。他方で有利な投資先が見出せずに投資は低迷した。そのため、日本だけでなくヨーロッパもアメリカも、企業部門が資金余剰となる異常事態に入った（日本は一九九八年から）。この余剰資金はプロの運用体である各種「ファンド」に集められる。ファンドには富裕層の資金も加わる。世界的な法人税減税、所得税における高所得者減税がこれら資金の膨張を後押しした。運用のノウハウはニューヨークのウォール街、ついでロンドンのシティが秀でているので、そこが中心になる。

膨張したファンド資金は、不動産、株式、あるいは国際市況商品（コモディティ）の市場に流入して投機を発生させ、つぶれると他の対象へとグローバルに移動する。これはしばしばバブルに至り、世界的に繰り返されている。他方で、ファンドは各国企業の上位株主となった。日本では、法人の相互持合いにもとづく「法人資本主義」（奥村宏氏）といわれた構造から、「ファンド＝株主資本主義」ともいうべきものに急速に変化した。ファンドにもいくつかの類型があり、一様にアグレッシブに短期利益を要求するわけではないが、ファンドは委託された資金の運用が業務であるから、企業に投資資金の最大限の増価と還元を業務として求めざるをえない。これが企業経営を短期的な競争に駆り立てる、少なくともプレッシャーになる。またこのことが、冒頭に述べた独自戦略の検討、根本的見直しを迫る場合もあるが、その余裕を不足させることになる可能性もある。[4]

前線敢闘依存の経営は、ある面で日本の職場の危機をもたらしている。日本の強みを支えてきた育成システムであるＯＪＴ（On the Job Training）の機能が壊されつつある点である。世代別構成の歪みに加えて、後輩を指導すべき層にその余裕が失われ、情報の共有・伝承が途切れる現象、また教育指導不足のままいきなり職務を任され、業務の混乱と精神的プレッシャーが生ずる例が広範に生じているのは、現場にある者の多くが知っていることである。

また、過労死、自殺、メンタル疾患を多発させる長時間労働とストレスが、健常な市民としての生活を成り立たせにくくしている。少子化問題の背景に、子どもを生み育てることを困難にする職場という人為的な抑圧要因があることは、広く認められている。ワーキングプアにあたる層では結婚率が特に低い。すでに目にしたことと思うが、総務省の就業構造基本調査から抜き出した二〇一二年の有配偶率（既婚率）は、二〇代後半—三〇代前半—三〇代後半の順に、およそ次のようである。

男性・正規雇用	三三％—六二％—七一％
同・非正規雇用	一三％—二六％—三二％
女性・正規雇用	二二％—四七％—五五％
同・非正規雇用	三一％—五九％—七二％

4　一般に、市場行動は速いほどよく、要する時間は短いほどよいと考えられているが、有効な革新には長期を要するものも多く、短期の成果を求める圧力がそれを阻害する恐れがある——競争のタイムスパンは短期でなく長期でなければならない——と警鐘を鳴らすものに、小池和男（二〇一五）がある。

——恐るべき深刻な数字ではないだろうか。低賃金で結婚できない人もいるという話はよく耳にしてきたが、非正規雇用の男性は三〇代後半でも既婚者が三分の一でしかないのである。女性では非正規の既婚率の方が高いが、主婦パートの影響と思われ、逆に正規の既婚率が三〇代前半で半分に満たない実態が深刻であろう。言葉の本来の意味からすれば誤って呼ばれる「効率化」が積み重ねられてきた結果は、社会存続の条件を破壊するまでに至っていることを、認めざるをえないのではないか。

以上を要するに、努力が足りず〝たるみ〟があるために停滞が生じたわけではない。努力はなされた。ルールをはみ出すほど、努力が足りないように見える者を吊るし上げるまでに、いわば過剰になされた。横一線からの同じ方向の競争で後れをとるまいとするこの努力（つまり横並び競争）は、全体が拡大しているときであれば、高度成長期のように、拡大をさらに増幅するように働いたであろう。しかし「効率化」と呼ばれた縮小・削減の方向の努力は、むしろ過剰なまでになされるほど、悪循環を起こした。縮小ないし削減されたのは、結局、コストであり支出である。企業も家計も支出を減少させ、つまり貯蓄を増加させようとした。正確にいえば、支出性向を低め、貯蓄性向を高めようとしたのであるが、それは需要―生産―所得を減少させるから、貯蓄の量の増大とは同じではない。政府部門も支出を削減（貯蓄を増大）しようと努めたが、所得の縮小と税負担忌避の国民意思のため、収入の減少の方がより大きく、結果として赤字を累積することになった。

付け加えれば、時間とエネルギーのほとんどを職場に注ぐことを要求される結果、家庭や地域が空洞化する。社会活動や政治に参加することが物理的・精神的に困難になり、観客としての存在でしかなくなっている。この〝観客〟が〝劇場型政治〟をつくる。こうしたストレスがフラストレーションの捌け口としての社会現象を生んでいる。

対外的な稚拙

海外に目を転ずると、この間、アジアで次々にキャッチアップがみられた。発展にしたがって人件費も急速に上がる。しかしそれを追う新規参入国・地域が継続して現れるため、日本企業が人件費コスト面で対抗しようとするのはもはや無理なことを、認めなければならない。非正規雇用への依存などで人件費を削減してきたうえ、経営者・団体はいまだに最低賃金の引き上げに抵抗したり、さまざまな労働規制緩和の手段を通じたコスト切り下げを模索するなどしているが、この態度を続ける限り将来の展望がないことは明らかである。[5]

身近なアジア諸国のキャッチアップによって、日本がアジアのトップランナーという明治以来の常識がいくつかの分野で崩れ始めたことは、焦りを生み、中国・韓国に対する反感の基盤の一つになっている。内向きをさらに強める傾向もみられる。しかし、日本企業が横並びを克服し、独自の戦略を

5　現行企業内体制の根本的な見直しが必要だということである。鈴木明（二〇一五）の「残業ゼロで目標二〇〇％達成」は現行システムにそうした見直しの余地があることを示した事例である。

考えられる発想力を得るためには、従来の内向きの延長線上では限界がある。日本国内にはまだきわめて強固に、島国――絶海の孤島――の内輪だけで通じる常識や慣習が存続しており、閉塞を助長している。

ここに変化を起こすには、異文化、異質なものとの一歩踏み込んだ接触、ぶつかり、交流を通じ、新たな刺激を受けることが、一つの有力な方法である。別の思考・行動原理をもつプレイヤーを加えることは、均衡を動かす可能性がある。国際化といっても、一部の日本人が対外交渉や海外赴任の経験を積むだけではまったく足りない。これまでよりもはるかに広い範囲の日本人が、実地に他国民との接触を経験する必要がある。それは同時に知日家・親日家を増やすことにもなる。日本のホスピタリティの高さは強みである。留学生が日本人学生集団に与える変化を、筆者は大学での経験で確信している[6]。

公的分野の《悪い均衡》

次に政治・行政の分野を考える。

ここではフラストレーションが重要な役割を演じている。それは負担忌避と既得権者狩りの心情をもたらした。財源の必要性は理屈上はわかるが、社会に対する満足感や一体感を持てないという不満があるため、自分が負担するのは忌避したい。こうした負担忌避の心情が財政破綻へ導いてきた。同じ心情は他者への非難にも向き、既得権の上に安住している（ように見える、あるいはそうだとされている）人々を吊るし上げ、自分と同じように〝血を流させる〟ことへの誘惑となった。戦時中のように、自分が苦しみに耐えているとき、非協力的にみえる者への眼が厳しくなるのと共通する心理であろう。

この魔女狩りは、一九七〇年代の組織労働者のストに始まり、公務員、農家、中小商店、銀行、官僚、生活保護受給者……と時どきに対象を変えながら続いた。他を非難していた者が次には吊るし上げの対象になる場合も少なくなかった。マスコミが部数や視聴率を稼ぐために、魔女狩りは確実な方法であり、標的のアイデアが枯渇することはない。この性質の非難感情が外へ向けられたものが排外主義の一つの要素になっていると解釈できる。ヘイトスピーチで悪名高い「在特会」（在日特権を許さない市民の会）が「在日の特権」（といわれているもの）を非難するのはその例になろう。

負担忌避と既得権者狩りの心情は、おりから支配的になった市場主義の経済学の影響と結びついて、「小さな政府」、再分配と社会保障の縮小、活力指向の法人・高所得者減税、格差の容認、規制緩和、民営化、という一連の流れになった。それはたとえば、低所得者や自営業者からは大企業正規労働者は不当な既得権者に見え、逆方向からは怠け者や政治に保護されたフリーライダーに見えて、同床異夢ではあるがどちらも市場主義を支持する、といった構造である。あとで検討するように、規制緩和

6　こう考えるとき、近年一部にみられる主観的には愛国的で排外的なメンタリティは、客観的には日本の足を引っ張るものである。ただし右に述べた国際化は、視野狭小な反発があっても、否応なく進んでいくであろう。

や民営化はその内容が重要で、個々に検討すべきものであり、一律に概念化やスローガン化することは問題が多い。その他の項目もそれぞれ具体的な検討を必要とするが、実際には全体として潮流になってしまった。

その結果は、財政破綻と社会保障改革未着手の現状である。また戦後獲得された各種の権利が段階的に削減された。それらは国民の不安を高めて購買力の支出を萎縮させ、下向きの悪循環に貢献している。また法人・高所得者減税は、それらの資金余剰とファンドの膨張につながった。

フラストレーションは、一九九〇年代以来一貫して「政治改革」と「行政改革」を求め続けさせた。政治改革は小選挙区制の導入に行き着いた。その目的とされたのは、政治にかかる金を減らすこと、派閥を弱体化させること、二大政党による政権交代を可能にすることなどであった。一つ目の成否は、政界の外からはよくわからない。二つ目はたしかに派閥が弱体化したようであり、三つ目も民主党政権というかたちで実現した。つまり外面的には現実になった。政権交代の可能性はよいことに違いない。問題は政治と政策の質の向上になったか否かであるが、その点は不明であり、少なくとも明確な高評価はあまり聞かれない。はっきりしているのは、かつての国会議員の育成メカニズムが弱体化し、議員の質が低下したことである。かつての「族議員」の専門知識の蓄積が低下する一方、「チルドレン」タイプ、ワイドショーのコメンテーター型の不熟練議員がつねに多数いる状態になった。中選挙区制を基盤にしていた派閥の弱化とともに、派閥実力者や政策通の大物といった存在がほとんど消滅した。反面、党と党首のイメージ力が大きな要素になり、他の実力者による牽制力も低下したため、党首周辺によって政治が大きく振れる。これによって民意がより正確に反映するようになったかは疑問とされよう。

行政改革では、省庁再編が頻繁に行われたが、大きな意味があったかは疑わしい。そのほか、予定外のことであったが、バブル崩壊後に、日本官僚機構の力量に対する神秘化とさえいえた評価が地に墜ち、スキャンダルもあって批判が集中した。これらによって官僚の士気は致命的に低下した。予算の使い方や外部との接触には制裁的な制約が張りめぐらされた。ルール明示の原則など大きく前進した面もあるが、全体的な結果としては、行政も劣化したと判断される。官庁のシンクタンク機能が低下した。世界の、あるいは現場密着の情報を収集し、自ら高いレベルで調査、企画、立案して、確固たる政策プランをもつ力は弱まった。そして実情に詳しくない層、主に政治家とメディアに影響される側面が強まっている。これにより行政が現場の実情と乖離した。これは望まれた「政治主導」の姿ではないと考えられる。

まとめると、公的部門は、民間部門が陥った悪い均衡を調整して脱却させる機能を十分果たすことができず、むしろそこから生ずるフラストレーションに影響され、民間部門の問題をさらに深めるように、悪循環的に働いた。

2　思考パターン

昭和戦前期との類似点

経済生活におけるストレス、フラストレーションが、政治や行政の公的領域にも大きな影響を及ぼしていることをみた。こうした社会意識のあり方の分野を取り上げよう。

まず近年の社会心理には、一九三〇年代から四五年までの昭和戦前期と類似している点があるように思われる。

その一つは戦略のない奔流がつくられることである。戦前には個々の事件をとらえて「暴支膺懲」（暴虐な支那を懲らしめよ）のキャンペーンが張られると、戦略のない対外硬派感情の奔流となって、政治もそれに沿い、戦争が拡大していった。近年のメディアの対中論調も完全に〝暴支膺懲〟であり、みごとに繰り返しである。戦前の奔流は、軍部や政府の言論統制もあったが、基本はメディアの販売競争によってつくられていった。こんにちも同様であり、人々の中にあるフラストレーションを引き出して部数・視聴率を稼ごうとメディアが煽り、それによる「世論」をまたメディアが追いかけて、自己膨張を起こしては放置する、というパターンにあることは明白である。

特定国のモデル化も共通点といえる。もちろん戦前の場合はモデルはドイツ、優れたものとしてモデル化したのは総力戦体制や「指導者原理」（führerprinzip）であった。近年の場合はアメリカであり、ここでもそのシステムが優れておりグローバルなスタンダードであるからモデルにすべきと主張された。つまり両ケースとも、日本が陥っている閉塞の脱却法として掲げられた。しかしいずれについても、参考にすべき他のあり方もあることを知らないか、あるいは無視した点で、主張者たちの視野は狭く、一種の思考放棄の面があったといわざるをえない。近年についていえば、トータルなシステムの中でこそ機能しているアメリカの部品の外形のみを取り出し、日本の異なる文脈への親和性を考慮せずに導入して、いわば良くない接ぎ木になった例も少なくない。

「当面可能な最善」思考

すでに少しふれたが、日本の組織には、当面起きる確率が高いと思われるケースに絞り、当面可能な範囲内での最善の解を、（いかにも日本的に）徹底的に詳細に追求するという思考傾向がある。そこには、組織内の経緯やバランスを強く考慮するという要素も含まれる。もちろん、これがただちに不合理だということにはならず、一つの現実的で効率的な思考法、意思決定法であろう。しかし、この思考法が近年の停滞に結びついた面がある。

日本企業には横並び競争の傾向があることを述べた。これは、独自の根本的な戦略見直しの不足であるということもできる。根本的な見直しは、前任者たちから続く流れの否定、批判になり、それは組織内の力学からみて現実的に可能でないと判断されることも多い。この特性は、戦後初期に丸山眞男が分析した旧日本軍の「無責任の体系」と共通点をもつ。[7] そこでは、東京裁判（極東軍事裁判）において、多くの戦争指導者たちに、組織内バランスの力学の中で相対的な権限しか持たない自分には根本的な見直しは不可能であった、との自己弁護が目立ったと述べている。つまり、明示的、絶対的ではなく文脈的、関係内的な権限・義務規定をもつ組織の中での「現実的」思考の結果は、主体をもたない流れをつくりがちになるという指摘である。

この「効率的」思考は、「見たくないものは見ない」「考えたくない、考えても仕方ないことは考えない」傾向にもつながる。太平洋戦争における旧日本軍の組織特性を分析した古典的研究『失敗の本質』[8]は、日米両軍の違いの一つとしてcontingency planの有無を指摘した。確率がきわめて高いと想定したケースの基本的な条件が変わってしまった場合の対応策、すなわち危機管理案のことである。これを欠くと「想定外」という言葉が繰り返される。福島第一原発事故は、ときに致命的なこの欠陥が、こんにちも確固として存続していることを示した。

コンティンジェンシー・プランの欠如——その必要性の認識を社会が欠くことの方がより深刻であ

るが——は、一九九〇年代前半に、銀行破綻処理政策を整備できないという重大な結果を招いた。当時の大蔵省銀行局は、国民がまだ危機を実感できていない段階で対策案をつくれば「銀行の救済か」と批判されて混乱に陥り、逆に危機に近づいてからだと「具体的にどの銀行が潰れるのか」とマスコミや国会に追及されて本当のパニックとなる、との懸念から政策提出の機会を逸したのであった（詳しくは第3章）。コンティンジェンシー・プランを準備するのは現行政策の失敗を認めることである、という思考が強固なのである。

そうではなく、危機管理案を準備しておく必要があるのだという社会の認識、それに向けた説得が、日本ではきわめて重要である。「想定外」を繰り返さないために。われわれの社会は、いまメインとしている想定の他にも考えておくべき視角、ケース、要素があるのではないか、という広角の、あるいは戦略的な思考に努める必要があろう。

7　丸山眞男「超国家主義の論理と心理」（一九四六）、同「軍国主義者の精神形態」（一九四九）、いずれも丸山（一九五六—五七）収録。

8　戸部良一ほか（一九八四）。

経済学の市場主義的偏向

一九七〇年代以降こんにちまでの経済学は、過度の市場信仰に偏向することによって、現実の経済に悪い均衡をつくり出すという影響を及ぼした。すべての場面で目的に掲げられた「効率化」が、結果として不効率をもたらしたのである。人件費コストの効率化は、投入の節約という本当の意味での効率化から逸れて、反対に湯水のような労働投入と違法な不払いへの依存に陥った。買手独占的な現実を無視した労働規制の緩和は、身分差別的な非正規雇用の急拡大をサポートした。賃金の引き下げと不安の増大によって支出―総需要が萎縮し、すべての企業への逆風になるという「合成の誤謬」に陥った。非正規を中心に婚姻率が下がって人口減少に拍車をかけ、マーケットを縮小させた。「小さな政府」論にもとづく企業・高所得者向けの効率化減税は、格差を拡大するとともに、財政破綻状態に導き、安心できる社会保障を未整備のままに放置させて、支出の萎縮の一因になった。これらが、〝悪い均衡〟〝「効率化」を通じた不効率〟の構造の素描である。

一九七〇年代のインフレ的環境、しかも物価が上昇してもフィリップス曲線の想定通り失業率が低下せず逆に上昇してしまう、いわゆるスタグフレーション現象が、反ケインズ反革命の背景であった。一九九〇年前後の社会主義圏の崩壊も、反公的介入、市場原理偏向を強く後押しした。二一世紀に入って、逆にデフレ的環境となり、大幅な需給ギャップ（需要不足）が問題となるように経済基調が変わっても、理論的偏向はまだ続くという不幸な状態が生じた。

そうした背景に押されて、「市場の失敗」をなるべく小さく評価しようとする傾向も生まれた。たとえば規制緩和が一つのスローガンになったが、規制には、不可欠なものと、既得権擁護になっているものとがあり、したがって個々に、是々非々で扱いを検討すべきなのは当然のことである。それを一律に規制緩和という概念またはスローガンにし、賛否を論ずるのはもともと誤っている。民営化も同様である。

純理論的な面においては、この間にミクロ経済学の分野で特に進歩したのは、情報の理論、取引費用の理論、ゲーム理論など、教科書的な完全競争市場の効率化機能の想定通りにいかないケースの解明、すなわち広い意味での「市場の失敗」の理解の分野であった。ところがそれに反して、実際面すなわち主として政策論議のレベルでは、市場信仰的な単純化思考が強まったことになる。この背反に作用したのはイデオロギー的偏向であったといわざるをえないのではないか。[9]

ケインジアン政策を批判した「合理的期待仮説」(rational expectation hypothesis) は、理論的には不況対策の発動をも完全否定するものである。「期待」(expectation)[10] と呼ばれる人間の心理・マインド

9　実際にはエコノミストや評論家の営業戦略の要素も大きかったと思われるが、これは実証が難しい。

10　よいことが起きるのを望む意味だと誤解される恐れがあるので、以下可能な場合にはexpectationの訳語として「予想」を用いる。

の要因が重要であること、ケインズ的政策をとれば人々はその結果を予想し織り込んで行動を変えるため、過去の関数の延長線上に機械的に想定する政策効果は出ないこと、はこの理論のいう通りである。しかしこれはあくまでモデルであって、そうした〝側面がある〟ことを意味するにとどまる。そこから政策否定という含意を引き出すのは、イデオロギー的偏向に後押しされた極論であり、非現実的となった。

バブル崩壊によって、二〇〇八年にリーマン・ショックが起き、世界金融危機がそれに続くと、各国政府はまず金融恐慌の回避のためになりふりかまわず介入し、ついで財政スペンディング（撒布）による景気下支えを行う（それは財政を悪化させた）一方、金融の再規制に向かった（de-regulationに対するre-regulation）。要するに、政府介入が全面的に復活した。

客観的には、過去四〇年ほどの過度の市場信仰に傾いた経済学の潮流は、明白に破綻した。市場は失敗する。政府介入は必要である。いま実際に依拠されている（せざるをえなくなっている）考え方は、基本的には市場の効率化機能を生かすが、必要な公的介入によって調整する、というものにほかならない。つまり、一九七〇年代に時代遅れのものとして嘲笑され葬られた「新古典派総合」（neoclassical synthesis）が復活しているといえる（ただし単純な復活ではなく、この間に進歩した知識によって補強されるべきものである）。近年の支配的潮流の破綻を明確に示し、反省を迫った点で、二〇〇八年は重要なエポックとなった。市場主義偏向の経済学の単純化思考の罠から醒めて、悪い均衡を解きほぐす必要がある。

3　近年の経済の推移

スタグフレーションからバブルへ

以下の各章では、近年の経済全体の推移を俯瞰する個所がないので、ここでごく概括的にのみ整理しておきたい。

一九七〇年代に、ブレトンウッズ体制（固定相場の国際通貨体制）の崩壊、石油危機、スタグフレーション（インフレと失業の併存）が発生し、同時に日本の高度成長も終焉した。七〇年代後半にこの変化への調整過程を一段落させたが、この調整が、それまでの拡大でなく縮小の方向での「効率化」の強制を経験させた。また社会主義経済の不振の顕在化もあり、政府によるコントロールに対する視点は肯定的なものから批判へと変化した。

日本のこの時期を歴史的発展段階の観点からみれば、「成熟社会への転換のハードル」または「成長段階卒業の罠」といえるのではないか。

経験則によると、経済発展には、成長の開始（テイクオフ）、高成長（スパート）といった画期があり、そののちに国民一人当たり所得が一万ドル台に乗る成熟局面に入る。そして、成長が開始できない「貧困の罠」「停滞の罠」を突破してテイクオフに成功すると、次には中進国から先進国の段階に進めない「中進国の罠」「中所得の罠」と呼ばれる難題が待ち受けている。これを抜けるには、後発の利益（先行する技術やシステムなどのモデルの導入）が尽きても、自力である程度独自の技術・システムなどを開発していける能力を備えることが必要になる。日本はアジアの先頭に立って、スパート局面の末期に先進国段階への到達を果たした。成長率が低下したあともしばらく、円レートの上昇を通じてドル表示でのGDPは増加し、世界経済における位置は上昇する。

ここまでは順調にクリアーしてきたが、おそらく一九七〇年代に、成長段階を卒業して〝成熟社会〟へシステム転換しなければならない最後の課題に直面した。それをうまく乗り越えることができず、その後遺症がこんにちまで続いているとみることもできる。成熟社会は、キャッチアップを終了し、成長率は低く、少子・高齢化が進むなどの困難を抱えるが、それでも高成長期とは異なる種類の社会的活力をもち、豊かさを示す社会である。日本を先頭とするアジア諸国の場合、スパートが高速で短期間のため、「中進国の罠」を乗り越えてすぐに、この最後の課題を迎える。その点でも、日本の経験は参照されるべき先行例となろう。

一九八〇年代に入ると世界経済の不均衡が深刻になり、その一つの中心に日米の貿易不均衡が位置した。一九八五年のＧ５（先進五か国蔵相・中央銀行総裁会議）・プラザ合意を契機に、円高＝ドル安の方向へ急激に動き出し、一九八六年は「円高不況」となった。この不況への対策と、貿易摩擦対策としての内需拡大、円高の回避という目的が重なって、金融緩和を中心とする刺激策がとられ、そして継続された。ところが翌一九八七年には円高の逆の側面（＝「円高メリット」）である輸入品の大幅値下がり効果が表面化し、世界的な一次産品価格の低下と相まって、企業部門の手元資金が急激に増加した。この余剰資金と金融緩和、そして「強すぎる」と非難されさえした日本経済への過剰な自信・強気という要素が揃い、バブルが生成した。過去に巨大バブルは必ず崩壊を繰り返している。しかし熱狂状態になっているもとでは、特に世代が交代してしまう数十年という間隔を経た場合、「今度だけは違う」という主張の根拠が考え出されて、歴史の教訓は無視されがちになる。

バブルは、株式では一九八九年末、不動産では一九九一年中をピークとして崩壊し、下降に入った。

バブル後の危機と停滞

そののち経済動向は次のような経過をたどった。

当初、すなわち一九九〇年代前半には、融資の担保に使われたため銀行システムに特に大きく影響する地価は、遠からず回復するだろうという楽観的な予想が大勢であった。これは戦後繰り返されてきたパターンであったから、説得力があった。先と逆であるが、こういう場合には「今度だけは違う」と確言することがきわめて難しい。しかし実際は、地価は二〇〇五年まで、株価は二〇〇三年まで下がり続けることになった。内閣府の国富統計によると、土地が一九九〇年の二三六五兆円から二〇〇五年の一二五〇兆円へ一一六五兆円の減価、株式が一九八九年の八九〇兆円から二〇〇二年の二九九兆円へ五九一兆円の減価、合わせて失われた富は二〇〇〇兆円近くにのぼった。

銀行の不良債権はしだいに増加し、担保不動産と株式の価値も減少して、バブル崩壊当初には分厚かった銀行の体力（損失吸収余力）は、一九九五〜六年ごろにはほぼ尽きるに至り、護送船団行政で救済できずに、銀行破綻が発生するようになった。他方でこの時期には景気の一時的な回復が生じ、これをとらえて橋本龍太郎内閣が行った消費税引き上げ（三％→五％）をはじめとする財政再建、構造改革政策は、一九九七年冬以降、不況の二番底に落とす結果になった。九七年一一月が金融危機の山場であり、翌九八年も長銀（日本長期信用銀行）、日債銀（日本債券信用銀行）の大手破綻が続いた。ここから、消費者物価下落を指標とするデフレも、企業部門の資金余剰化も始まった。

政府は経験のない不況対策、危機対策に追われ、少子高齢化・人口減少をはじめとする基盤変化への戦略的な対応を封じられた。短命な政権ごとの政策の振幅は大きかったが、それらを通じて税収は落ち込み、活力強化を謳った法人・高所得者減税が加わって、財政赤字が累積する一方、社会保障等の抜本改革を実施する機を失ったままでいる。戦略的な軌道転換（均衡の組み換え）の不在は、また家計・企業の支出性向を引き下げ、縮小均衡の道にはまることになった。二〇〇九〜一二年に実現した民主党政権は改革の意図をもち、その実験に踏み出したものの、「小さな政府」論に囚われて「無駄を省けば財源は出てくる」との立場をとり、その非現実性から壁に突き当たった。

二〇〇〇年代初頭が不良債権問題、銀行の自己資本毀損の最悪期である。同時に、長時間かかって整備されてきた不良債権処理、大口借手企業再生に必要な制度がようやく整い、二〇〇三年から株価を先頭に反転回復の過程に入った。二〇〇五～六年には長かった金融危機も一段落した。輸出と投資が上昇を牽引したが、その背景には二一世紀入り後の世界GDPの五％高成長があった。

この活況が二〇〇六年にピークを迎える米欧の不動産バブルに支えられていたことは、二〇〇八年のリーマン・ショック、それに続く世界金融危機で示された。日本経済も輸出の激減から急激に下降した。二〇一〇年には回復に戻ったものの、翌一一年の東日本大震災、タイの洪水による生産拠点連鎖の寸断で、またも腰を折られることになった。上昇過程を再開するのが二〇一二年の後期であり、翌一三年初めに民主党から政権を奪還した自民党の安倍晋三政権が、アナウンスメント効果狙い付きの超拡張的財政金融政策を展開すると、期待・思惑主導で大幅な円安化、株価上昇が実現し、その牽引によってより腰の強い上昇過程に乗ったとみられた。

ところが二〇一四年四月に消費税率を八％に引き上げると、それは経済に予想外の大きなダメージを与えた。二〇一四年度の一年間、すべて対前年比で、消費者物価上昇二・八％に対して賃金上昇（現金給与総額）〇・五％、したがって実質賃金は二・三％低下、これにより消費支出が五・一％減少となったことが大きく、成長率はマイナス〇・九％に沈んだ。一年後の二〇一五年四月に消費税アップの作用が一巡を終えると、以後は物価も実質賃金もほぼ横ばいとなり、消費支出も大幅減から横ばいに移った。

デフレ（物価下落）が諸悪の根源であり、そこから脱却さえすれば容易に経済は力強く上向くという「リフレ派」・政府・日銀の主張とは逆に、実質賃金を引き下げる物価上昇は強烈なマイナス効果をもつこと、実質賃金こそが現在の経済の死活を握ることが示された。物価は病原ではなく、結果としての体調を示す体温のようなものなのであった。

以上がバブル崩壊以後の経済の推移の概略である。バブル崩壊による反動調整が直接に（その意味で循環的なメカニズムにより）経済を下押しした前期が二〇〇〇年代前半まで、それが一段落して以降の停滞がこんにちまでの後期となる。

ただし前期と後期がつながりをもっている点もある。一つには、人々のexpectationの面で、前期、特に二番底に落ちた一九九七～八年以降に形成されたデフレ・マインド、というより低い名目成長率という悲観的マインドの定着――これがいちばん深刻なのは経営者である――がしぶとく尾を引いている。

もう一つは、前期に不良債権処理＝過剰負債処理（バランスシート調整）のために身動きがとれず、手が付けられなかった、少子高齢化・人口減少をはじめとする長期的・構造的問題が進行して、より重荷になった点である。そして前期に軌道を押し下げられ、後期にも居座ったほぼゼロ成長は、問題点を鋭く突き出すことになった。

第2章　経済学の悪影響

1　近年の経済学

市場を信じる流れ

前章で日本経済の《悪い均衡》の見取図を素描した。以下の各章で分野ごとにより詳しく考察していくが、本章ではまず思潮面から経済学が与えた影響について説明を追加しておきたい。

かつてケインズ（J.M.Keynes:1883 ~ 1946）が、経済理論や経済学者は一般に考えられているよりも大きな影響を現実社会に及ぼすものだと述べたことはよく知られている。現代では、その影響はケインズの時代よりもおそらく強くまた直接になった。金利、円相場、株価、税制、規制制度など、経済問題が政治の課題や争点としてきわめて重要になり、それらについて政治家がエコノミストからレクチャーを受ける機会も大いに増えたはずである。国民もかつてよりはるかに多くの情報に接するようになっていて、そのなかでメディアが経済問題を大きく取り上げる。

経済学研究の最先端はますます形式面で（技術的に）難解になり、一般にはほとんど関係がないように見えるが、それを解説する役割の経済学者・エコノミスト、さらにそれを解説する層を通じて、一般に伝えられていく。この段階までくると、問題になるのは論理や実証ではなく、その社会がもっている時代の感情に受け入れられるかどうかが大きいと思われる。たとえばこの間の日本で、「市場競争」「自由化」「規制緩和」「民営化」「小さな政府」はいずれも、既得権に守られて楽をしている（とされる）者は許せない、競争にさらして血を流させよという社会感情――つまりすでに述べた魔女狩り的なフラストレーション――の文脈から主に受け止められたであろう。そしてその結果はどうであったのか、落ち着いて振り返ってみる必要がある。メディアは新情報への短期対応に追われ、こうした作業をほとんど提供しないから、われわれ自身が意識して行わなければならない。

一九七〇年代以降支配的になった経済学上の思潮は、「新自由主義」「市場原理主義」「市場万能主義」「市場至上主義」「市場主義」などと呼ばれる。

これらの言葉は厳密に定義され、万人が承認しているものでは必ずしもない。自らこの思想に立っていると公言する論者もいるが[1]、自分がこの思想だと言われた人の多くがそれを否定し、怒りを表明する現象がみられる。「市場原理主義」（market fundamentalism）はジョージ・ソロス氏が使用して反響を呼んだ言葉である。[2]「市場万能主義」は、厳密にいえば確かに万能だとは言っていないという反

1　たとえば八代尚宏（二〇一一）。

論がありうる。「新自由主義」（neo liberalism）は、中道左派的な意味のいわゆる「リベラル」を指すnew liberalism——個人の自由が可能になるには一定の条件の保障が必要であるとする——とは逆に、公的介入の否定、小さな政府、レッセ・フェール（自由放任）の方向を指向する。広く承認されている反面、思想の内容を表現してはいない。またこれは経済面に限られない社会思想であって、ここで問題にするのはその経済思想の部分のみになる。

指向が違うものに罵声を浴びせあっても益はなさそうであり、いずれにしても適切な表現は選び難いが、これらの言葉が表そうとしている対象は間違いなく実在する。そして、効率と衡平のどちらを優先するか、政府の役割をどの程度にすべきかなど、具体的な問題での立場は明確である。すなわち、市場の積極的・肯定的な機能の側面を強く主張する一方、公的介入の拡大に反対し、その論拠として「政府の失敗」（government failure）を強調する。古くからの思想であるとともに、ソ連・東欧社会主義圏の崩壊や福祉国家に対する批判といった現実を背景にしている点で、現代的な性格を帯びてもいる。このようなものとして、以下では言葉にはあまりこだわらないことにさせていただく。なおここで思想と述べたが、純論理的に辿り着いた経済学理論上の立場という場合も、可能性としては否定しない。しかしほとんどすべてはそうしたものでなく、現システムに対し肯定的か否定的かに大別される何らかの社会観に結びついていると思われる。

先にもふれたが、多くの場合、市場が万能であるとは誰も言っておらず、その証拠に主流派のどの経済学教科書にも「市場の失敗」（market failure）は書いてあると主張される。しかし、教科書に書いてあることと、具体的な実際問題の検討の際にそれをどの程度適切に意識した上で判断しているかは、まったく別のことがらである。現実のケースにおける政府介入の要・不要について、一方的な論理による断定や一面的強調を行うやり方――それは客観的にはイデオロギー的偏向である――でなく、現実に照らして適切な程度に認めるかどうかが問われるのである。メディアでの発言はある一面を強調するものであり、実は別の面も考えているのだという弁明は、専門家としては通用しないであろう。強調したその一面の積み重ねが潮流をつくり、世論に影響を与えていくのであるから。

広義の「市場の失敗」の解明の進歩

純理論的には、およそ一九七〇年代以降に主としてミクロ経済学の分野で進捗したのは次のようなことであった。

近年、複雑系の理論、実験経済学、行動経済学といった分野が登場した。実験経済学、行動経済学は、最大利益の追求に集中する完全に合理的な人間という想定をいったん清算し、実際の観察にもとづいて人々の行動を定式化しようとするものである。複雑系経済学は、経済行動は線形ではない[3]、関

2　Soros（1998）
3　$Y=aX+b$のような一次式で表せる単線的なものでないということ。

係する要素が多く、相互関係をもつなどの想定をすると、従来の経済学が説くように〝完全に合理的な行動がとられ、均衡は一点に定まり、その結果が効率的である〟とは限らないとする。また通常は、生産要素（労働、土地、設備など）の投入（input）と生産の規模を拡大するにつれて、成果（output）の増加分（いわば投入の効率）はある限度にぶつかり、低下し始める（収穫逓減）と仮定する。だからこそどこか一点が最適に決まるのであるが、その逆の収穫逓増が働く場合を考えると、従来の経済学の明快で単純な結論にはならなくなる。ただし、これらの理論はまだ進展途上であって、確立したものとして学界全体に共有され、標準の教科書に書かれるまでには至っていない。

　これらよりも先行し、すでに確立・共有されたものとしては、取引費用の理論、情報の理論、ゲームの理論などが挙げられる。それらは、「市場の失敗」の理解を深める性格のものであるということができる。ミクロ経済学の教科書の復習になるが、教科書的内容ではあっても重要なのであらためて確認しておくと、次のようになる。

　経済学の教科書が述べる市場経済のすぐれた効率化機能は、徹底的な自由競争が行われ、ベストな取引（組み合わせ）に至るまで遮るものが何もない理想的な市場――「完全競争市場」（perfect competitive market）――を前提にしている。それは「完全競争」（perfect competition）と「完全市場」（perfect market）の二つの条件からなる。

　完全競争は、

（1）独占（市場支配力）がまったく存在しないこと、[4] 新規参入と退出が完全に自由なこと、費用逓減[5]

がないこと、

を条件とする。

ここで一つ付言しておくと、独占に関しては、雇用関係は買手独占のもとにあるという認識が、現在特に重要である。売手が市場支配力をもち価格を吊り上げる売手独占（monopoly）に対し、買手独占（monopsony）は買手の側の力が強く、安く買い叩く場合であり、下請け関係がその例となるが、雇用関係もこれに当てはまる。雇用は法的には対等であるが、実質上対等でないのは基本的にこのためである。最近の労働規制緩和論などにおいて、この点を忘却した、したがって非現実的な議論が目立つので、特記しておきたい（第四章）。

一方、完全市場は、

（2）取引費用がゼロであること、[6]

（3）情報が完全であること、

を要する。近年の進歩はこの部分の理解を豊富にした。

4　独占があると、最適な価格と取引量から乖離する。

5　生産規模が拡大するほど平均生産費用が低下すること。それは独占に導くか、そうでなければ採算がとれずに供給者が存在できなくなる。

6　この場合の費用は、手間隙を含めた広義での（「機会費用」の意味での）ものである。

さらに、右のような理想的な市場であっても、教科書が描く効率的な資源配分が実現しないケースがある。
（4）社会が必要としているものの、代金を徴収しにくいために営利事業として成り立たず、市場が欠落してしまう財・サービス分野（公共財 public goods）があり、それらは税を財源に公共的に提供しなければならない。
（5）市場の評価の対象外となる便益や費用（無報酬の貢献や費用負担の漏れ）が存在すると、効率的な配分から乖離してしまう（外部性 externality ／外部効果 external effect）。[7]
（6）将来にわたっても比較優位・劣位（得意・不得意）に沿った分業、効率的配分（＝動学的効率性 dynamic efficiency）が実現される保証はない。[8]
（7）市場経済では競争による不均衡の累積、すなわち景気、投機・バブルの波といった変動が避けられない。[9]
（8）人為的是正がなければ格差は拡大する法則性がある。[10]
取引費用の理論に話を戻すと、取引に商品価格の支払い以外のコスト（＝取引費用）の負担を要するとき、たとえば契約や取引実行に手間がかかったりする場合には、それが障害となって、最適な組み合わせに行き着くことが阻害される。

また市場競争は「より良いものをより安く」をめざすものであるが、より良いとは品質、より安くとは価格のことであり、それらについての情報がすべての取引参加者、売手と買手に完全に行き渡っていてはじめて、市場の機能は実現する。情報が不完全であるとき、たとえば一部がよく知っていて他はよく知らないという、情報面での強者と弱者がいる（非対称情報 asymmetric information）ケースでは、弱者が強者に詐取される不公正取引が起きたり、「レモン問題」[11]や「逆選択」adverse selection[12]によって市場が成り立たなくなってしまったりする。

取引費用や情報の理論の貢献は、「ＭＭ命題」の理解の例をとるとわかりやすい。ＭＭ（モディリア

7　言い換えれば、商品取引が、売手と買手という直接の当事者以外には何の影響ももたらさない場合にしか、教科書通りの市場メカニズムは働かない。なお環境汚染はマイナスの外部効果のケースである。
8　このことから、幼稚産業育成政策などが意味をもつ場合がある。
9　不均衡が累積して崩壊反転することがわかっていても、競争上ブレーキをかけることができず、共倒れの結果となる。
10　一般的にいうと、低資産の者は必要最低限の目標まで蓄積するために安全すなわち低収益の投資しかできないのに対して、高資産の者は高リスクすなわち高収益の投資の余裕をもつため、両者の格差は必然的に累積拡大することになる。
11　質の悪い中古車をレモンといい、品質を信用できないと中古車市場は成り立たなくなる。
12　保険事故確率の高い加入者の増加に対応して保険料率を高くしていくと、優良な顧客は逃げ、悪質な顧客ばかりになる。これが悪循環を起こすと保険市場は成り立たなくなる。融資のリスクと貸出金利の間でも同じメカニズムが生じうる。

ーニ＝ミラー）命題は、企業の資金調達の内訳の差異は何の違いももたらさないという結論となる純粋理論であるが、実務の世界の常識とは反していた。取引費用や情報の理論の進歩によって、右の結論となるのは、何らの取引費用も存在せず、資金調達者の情報が完全にわからないという問題もない「完全市場」を想定するからであることが明確になった。現実には市場は不完全であり、それに対応して資金調達手段にコストの差が生ずるから、それらの間に優先順位が生じ、「企業金融の内訳は無関係」ではないことになる。こうして、前提条件としての〝理想的な市場〟の想定の意味の明確化、市場の失敗の理論の豊富化は、現実のよりリアルな理解に貢献したのである[13]。

このようにみてくると、客観的には、過去半世紀ほどの間にミクロ経済学の分野で主に進歩したのは、市場の失敗の理解を深めたこと、すなわち教科書的な「市場のすぐれた機能」の想定通りにいかないケースの解明であったことがわかる。

実用場面における単純化

それに反して、実際面では単純化思考が強まった。経済学研究の世界では、市場機能の前提条件やそれが満たされない場合に生ずる問題をよりリアルに解明しうるようになったが、それと背反して、メディアや政治の世界で支配的な影響力をもったのは、すでにみた通り「市場競争」「自由化」「規制緩和」「民営化」「小さな政府」を一律概念化し、それを望ましい基準とするキャンペーン、つまり単純化あるいはスローガン化された市場機能の伝道であった。それは、論壇で主流を占める勢いに乗って、いささか強引で粗雑な内容で主張された。奔流が偏向を生み出すことがある。一九六〇年代までは、逆に計画やコントロールの思想が優位であり、そのときにも、多数派の潮流をバックに粗雑な主張が行われる例がみられた。その後、逆の方向で同質のことが起きたのである。

必然的に、「市場の失敗」をなるべく小さく評価しようとする傾向が生まれた。たとえば「規制緩和」が一つのスローガンになった。規制には、不可欠なものと、既得権擁護のために維持されているものとがあり、したがって個々に、是々非々で、扱いを検討すべきことは当然である。それを一律「規制緩和」という概念にしてしまい、賛否を論ずるのは、基本的に適切でない。

結果として、日本では建築基準法の規制緩和（建築検査の営利企業への開放）後に強度偽装が発覚し、アメリカでは航空自由化後に問題の発生が指摘された。もちろん、だからこの間実施された規制緩和はすべて誤りであると論ずるのも、同種の粗雑さを免れない。繰り返すが、個々、是々非々の検討を要する。たとえば二〇〇二年の道路運送法改正によるバス、タクシー、トラックなどの規制緩和についてだけでも、結果のフォローアップをはじめ再検討の研究が積み重ねられている。規制緩和による

13　またゲームの理論は、すでにふれたように、相手の出方に対応して行動を決めていくメカニズムやその結果の均衡を分析し、これも、個々の主体に意思決定の余地はなく、市場の強制によって機械的に特定の状態に導かれるとする教科書の説話から外れる世界の説明を進展させた。

競争の促進を通じた効率化といっても、運転という労働に依存し、技術革新の余地が乏しい場合には、どのような結果が生ずるかは抽象的な一般論による予測で論じられるものではなかった。コスト削減のための無理な運行計画や労働条件によるとみられる事故も続発しており、別種（この場合には安全運行）の条件確保のための規制が同時に整備されるべきであったと考えられる。

「民営化」も同様で、概念化してしまい、一律推進・反対を論ずるのは雑であった。日本の郵政民営化のモデルとされたニュージーランドでは、実施後、広範なサービス空白地域が発生し、公的事業が再設立されるという経過をたどったが、日本ではほとんど無視されている（第五章）。勢いに乗って単純化する思考はのちに大きな問題を生む可能性があり、それでは済まなくなる。

最後に「政府の失敗」にふれておこう。このことの指摘は、市場の失敗への対処としての政府介入を否定する、あるいはなるべく小さく限定すべきだとする直接の論拠としては、弱い。存在根拠がなく、しかも厚生上の損失をもたらしている政府介入は否定されるのが当然である。しかし市場の失敗への対処の必要という根拠がある場合、政府の失敗を指摘するだけでは、否定の論拠には当然ならない。政府の失敗の害悪の方が明らかに大きいという論証が必要である。また、より良い規制制度がありえないかという思考を要する。

反ケインズ反革命

マクロ経済学の分野では反ケインズ反革命が起きた。一九七〇年代のインフレ的環境、しかも物価が上昇してもフィリップス曲線の想定通りに失業率が低下せず、逆に上昇してしまう、いわゆるスタグフレーション現象がその背景であった。二一世紀に入って逆にデフレ的環境となり、大幅な需給ギャップ（需要不足）が問題となるように経済基調が変わっても、マクロ理論の主流は無反応で、その基本的潮流は変わらずにいるといえる。

ケインズ的政策を根底から批判した「合理的期待仮説」（rational expectation hypothesis）は、当初は「マネタリズム・マークⅡ」などと呼ばれ、不況対策の発動をも完全否定するのに利用された。[14] "expectation" という用語で表わされる人間の心理、将来予想の要因が重要であることは、経済学の共通認識となった。また、ケインズ的政策をとれば、人々はその結果を予想（正しく認識）し、織り込んで行動を変えるため、統計的に測定した従来の反応を延長して想定する効果は出ないこと――ルーカス（R.Lucas:1937～）の批判 Lucas critic[15]――も、この理論のいう通りである。しかしこれはあく

14　実は合理的期待仮説そのものが政策否定の結論を導くのではなく、それ以前に経済はつねに最適な均衡にあると前提されるところからであり、右仮説はそれに利用される関係にあると考えられる。

15　たとえば財政による刺激政策の場合、結局はのちに増税となることを織り込むので支出は増加せず（中立命題）、GDP不変・物価上昇という結果となる。この点では既存の「恒常所得仮説」（人々は一時的な所得ではなく将来にわたる所得水準によって支出を決めると考える）でも説明できる。

までモデルであり、そうした〝側面がある〟ことを意味するにとどまる。そこから政策否定という実践的な含意を引き出すのは極論であり、非現実的となる。

右に登場する〝正しい認識〟という観念に関連して、「効率的市場仮説」（efficient market hypothesis）は、本来は金融論に属するものであるが、それにとどまらず経済全般の見方にまで重要な役割を果たした。すなわち株式市場では、企業に関する情報の最大限の収集と分析に努める投資家が、しかも無数に存在して競争している。この「最大限」「無数」「競争」を極限まで想定すると、市場は企業の真実の姿に極限まで迫る。つまりその認識は限りなく正しいものになると考える。よって市場は信頼できる。もし不合理な投資家の買いによって実力以上の値がつくバブルが発生しようとすれば、実力を正しく認識する合理的な投資家が反対売買によって利益を得つつ、それを通じて誤りは訂正され、適正な価格に戻るはずである。制限的な要素の少ない市場に正しく評価される経済は波乱を起こさない。したがって「市場の声を聞け」と主張される。一時、日本のバブルは、銀行中心という、単独の判断で資金を配分する時代遅れのシステムに依存しているから起きたのであって、証券市場中心のシステムをもつアメリカでは起きないとまで言われ、アメリカ型の金融が推奨されもした[16]。純粋論理の問題ではあるが、実際上はアメリカ社会をベースとする観念が反映しているといえよう。

しかし現実にはアメリカでも不動産バブルが発生し、日本と同じくその崩壊後の危機に苦しむことになった。結果としては、株式市場は不安定であるとするケインズの「美人投票」のビジョン（またのちのR・シラーの〝不合理な活況〟という警告[17]）が現実に合致した。美人コンテストで優勝者に投票すると賞金がもらえるなら、大事なのは真実ではなくて「勝ち馬に乗る」ことであり、だれもが他の投票者たちの顔色をうかがい合うことになる。群衆行動の不安定な奔流ができ、真実とは乖離しうる。正しい評価からの乖離は起きる。それも組織的に起きる。市場はこのようなものだというのである。

予想（expectation）について

右の〝expectation〟（予想）は重要なので、さらに少し考えておきたい。これに関する理論はこの間の経済学が進歩させたもう一つの分野であり、E［x］（xに関する予想）という形をとって、経済モデルの中で人々の心理・マインドを扱いやすくなった。

問題は予想がどのように決まるかである。人々が足元の傾向に囚われがちな事実はしばしば観察される。景気の状態、物価、賃金、資産価格、為替レートなどについて、当面の水準は現在からあまり離れず、方向は直近の傾向が続く（延長される）、と予想されるのがよく見られるケースであろう。最新の現実が、足元の傾向の延長から外れた（予測エラー）ときは、乖離の一定割合（一以下の係数）を加えて、予想の基礎になる傾向線を修正するであろう。このパターンを定式化したものが「適応的期

16　Quiggin（2010）, chapter 2.
17　Shiller（2000）

待形成[18]」仮説（adaptive expectation hypothesis）である。これに対して、そのような過去の後追いのみに終始し、（たとえば政策の結果についての）予想の誤りを継続して繰り返すという想定は理論的に形が整っておらず、予想が系統的に誤ることはないはずだろうという発想から出発し、経済のメカニズムについての知識が利用されると想定するのが「合理的期待形成」仮説（rational expectation hypothesis）になる。そこでは無数の主体が、経済構造・経済モデル（時系列分析であってもよい）に関する最善の知識を用い、あらゆる情報を収集・解析して、最善の予測を行う。予測値は確率分布する（人々の予想も散らばる）が、それは正規分布に従う（山型をしている）とすれば、最も確率の高い点＝山のピーク（数学的期待値）が、結果的な予想誤差が平均的には最小になるので最適予想値であり、人々はこれを採用し、この意味で正しく予想すると考える（完全予見を仮定することとは異なる）。

以上は仮説であり、どういう場合に実際はどうであるかが問題である。

第一に重要な要素は、どのような市場か、である。予想形成のあり方は、当然、それによって異なるであろう。ルーカスが下敷きにしたミュース（J.Muth: 1930～2005）の分析対象は農産物先物取引、プロの市場であった。国民全体のレベルでの物価や成長率などのマクロ変数の予想では、合理的期待仮説のように経済構造・モデルを正しく（最善に）知り、予想するという想定からは相当の距離があるであろう。ここでは、足元の延長線で予想し、変化が起きたときは認識があとから着いていくパターンが通常多く観察され、適応型が当てはまることが多いと考えられる。また、証券市場・為替市場などプロが主導権を握る資産市場においても、アナリスト、エコノミスト、ストラテジストなどと呼ばれる専門家の相場予想が直近の実績に強く影響されている現象がしばしば見られる。さらに資産市場のなかでも違いがあり、海外投資家の比重が大きい外国為替市場や株式市場などでは、金融政策等の狙いが実現されるであろうと（いわば教科書的に単純に）反応する例が見られ、国内投資家の取引の比重が多い市場（たとえば債券市場）ではやや複雑な読みも行われるように見受けられる。ここには、こんにちでも〝外国の事情はやはり詳しくはわからない〟という重要な事実が存在しているのではないだろうか。

第二の重要な側面は、どれくらいの長さの期間に関する予想かという区分である。対象とする期間によって予想を取り巻く条件がまったく異なることは容易にわかるが、その説明には幾通りかありうると思われる。たとえばその一つは、短期では予想は不可能というものである。市場が効率的で、情報を完全に利用して予想がされているなら、現在の市場価格はすべての情報を反映しているはずで、明日の価格は予想できない事態によってのみ動くから不規則（ランダム・ウォーク）になるという論理がある。そうであれば短期の予測は不可能になる。この論理を基礎にすると、そうした不規則変化を終えた中期では経済構造をふまえた最善の予想は可能、さらに経済構造が変化してしまう可能性を含む長期では予想は不可能、という議論が成り立とう。

この抽象的論理と異なり、現実のマーケットで行われている予測活動をベースにすれば、別の説明

18　日本ですでに慣れている用語なので、ここでは「期待」の語を使う。

もできる。情報を収集・解析して予想する作業が行われ、その点で合理的期待仮説の想定に近い状態にあるのは、短期であろう。ニュース（情報）が入ったとき、相場がどう反応するかを予想して「シナリオ」を描き、売買行動を決定する。[19] ただしこれは実際には、経済構造に関する知識にもとづく解析だけでなく、取引参加者たち（多くは市場の同業者たち）の予想形成の仕方とその結果としての売買行動のパターンを重要な要素として考慮するものである。むしろ後者の比重の方が大きく、ケインズの美人投票の例のように経済学より群集心理の推測に近くなると思われる。それより長期については、新たに発生する現象が未知（不確実）な分だけ、経済構造の知識にもとづく正しい予想は困難になるであろう。右のことの例として、日米の株価指数は、日次や週のデータではきわめて高い相関係数であり、東京がニューヨークに追随し、月次データになると乖離してくることが知られる。短期では米株価という情報をベースに反応しており、より長期になると自国の独自の条件が反映するものと考えられるが、それがどのくらい経済モデルから予想できているかは疑問であろう。

特に問題になる政策の効果の予想はどうであろうか。資産市場に関しては、右のように、短期では分析が行われるが参加者行動に対する分析の比重が高く、より長期では未知の要素が多いため分析の困難が増すと考えられる。実体経済については、家計の消費および労働供給、企業の生産およびそこから派生する要素需要のいずれも、右の投機行動の要素がない分だけ経済モデルを基礎にした分析はしやすいはずであるが、予想を裏切られるケースもしばしばみられるようである。

以上のように、予想形成のタイプは市場の種類や期間によって異なることを前提にして検討する必要がある。現実には合理的期待形成仮説で近似できるのは、メカニズムがきわめて単純で明白な場合に限られ、とりわけ政策の無効が導かれることはほとんどないであろう。この仮説はさしあたり思考実験としてのモデルであり、こうした側面もある点を政策設計の際に考慮する必要があるという内容で理解しておくべきだと考える。

予想についての一つのデータ観察

ここで、予想の形成され方について、若干の事例で検討してみたい。図2－1（A・B）は、ここでの目的に便利と思われる日本経済研究センターの「ＥＳＰフォーキャスト調査[20]」を用いて、最初のデータが利用できる二〇〇四年から二〇一四年までの、消費者物価上昇率（生鮮食料品を除く総合――以下「物価」と略称）の実績値と予測値を、グラフにしたものである。[21]この調査は、日本経済の将来予

19　根拠の薄弱な、またはまったくないシナリオが流布され、支配的となる場合もある。たとえば、東日本大震災の直後、資金不足に陥る日本の金融機関が外貨建て資産を売却して円調達するので円高になるというシナリオが支配的になり、実際に常識的な動きと逆に円高となった。

20　https://www.jcer.or.jp/esp/backno.html

21　最近、こうした予測調査が増えてきており、期間が経過するにつれて、適切な調査を用いた多様な分析が可能になってくるはずである。

図2－1　消費者物価上昇率の予測値と実績値

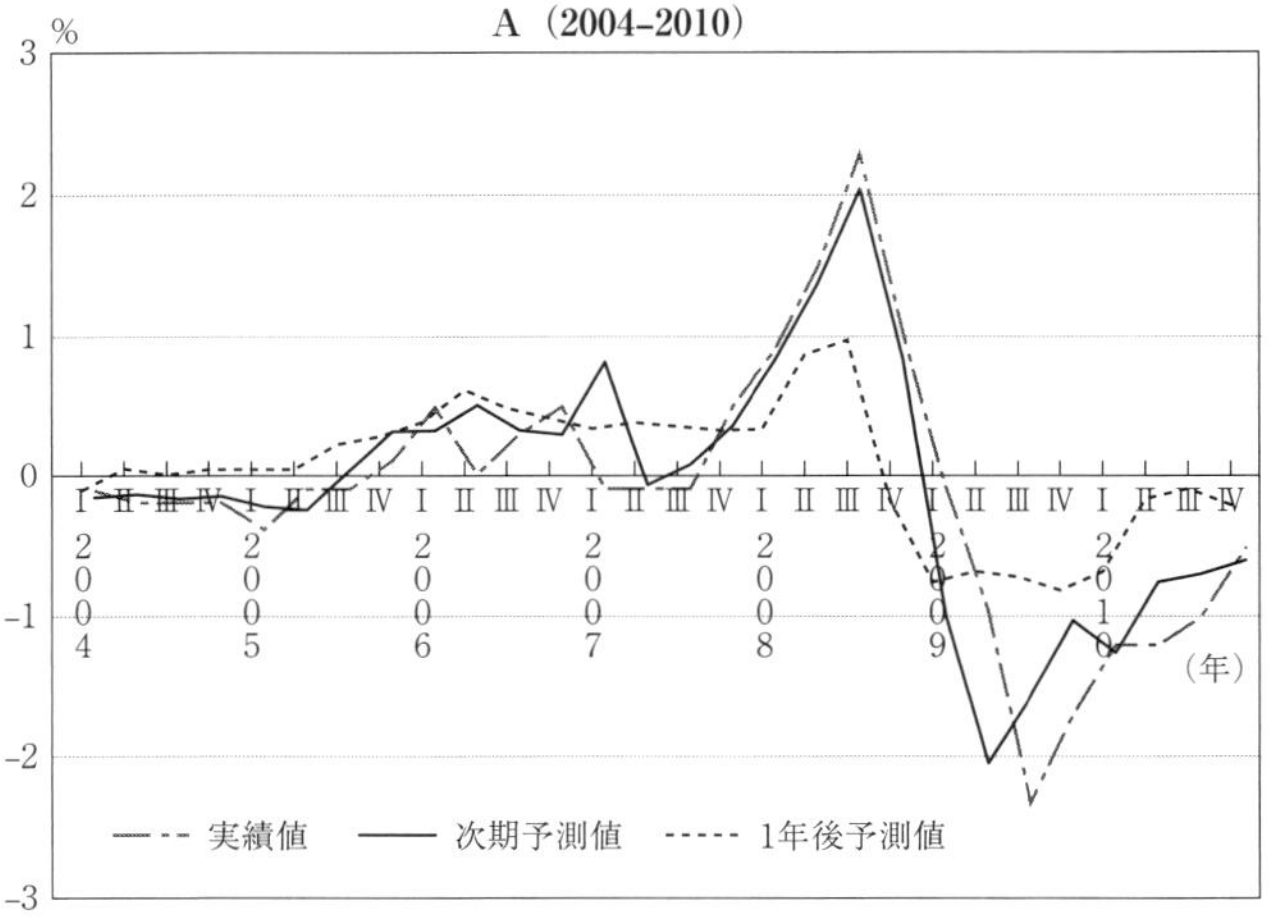

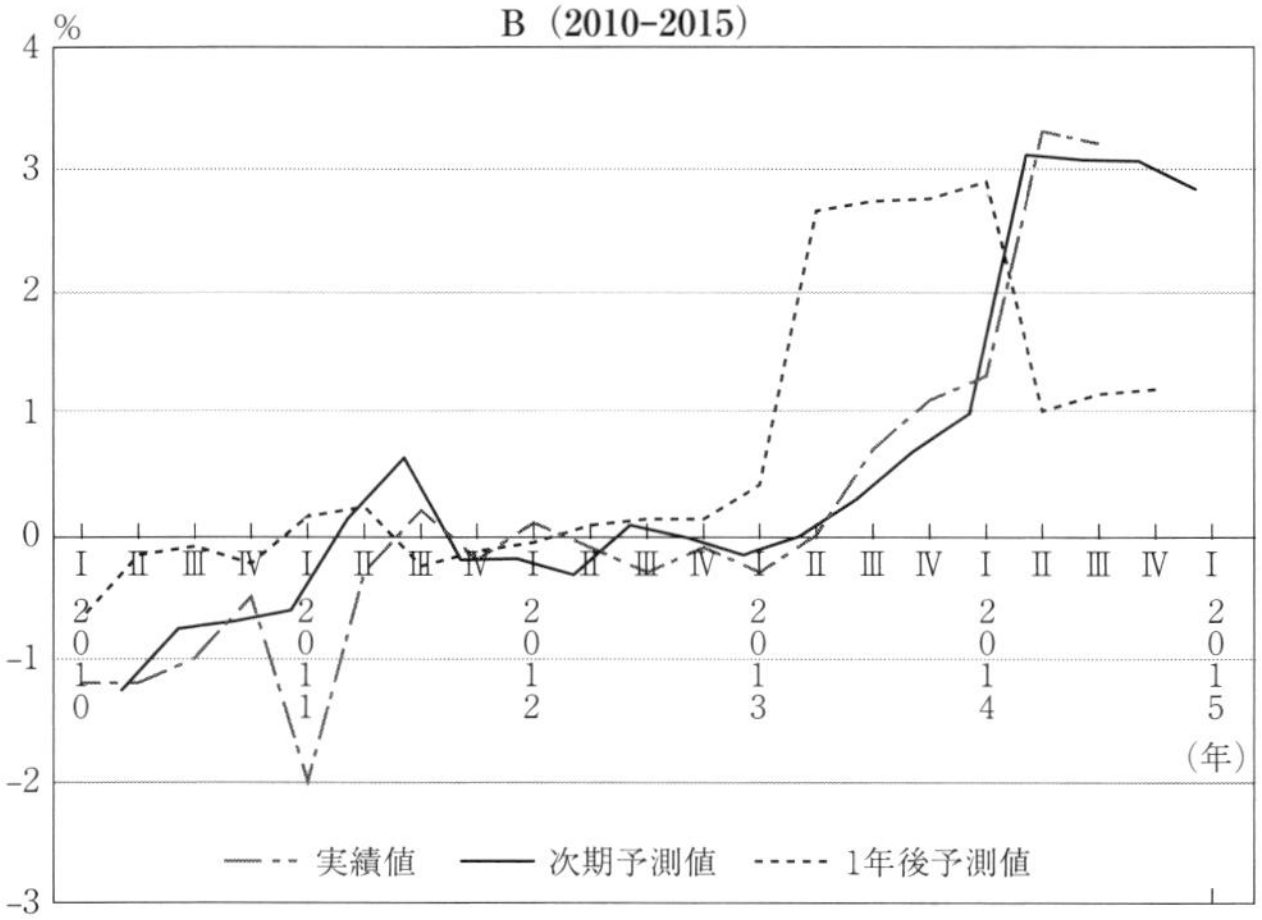

測を行っている民間エコノミスト約四〇名から、GDP成長率、物価、為替レート、株価等に関する予測の回答を毎月集め、回答の平均や散らばりのデータを掲げている。ここでは四半期ベースを用いる。たとえば二〇〇四年第Ⅰ四半期の項には、その期の実績値（最も直後に発表された数値）[22]、同期末（三月）調査における次期（同年第Ⅱ四半期）に関する予測値（平均値）、一年後（二〇〇五年第Ⅰ四半期）に関する予測値（平均値）、の三系列を示した。全期間を連続してグラフ化すると動きが読み取りにくいため、便宜的に二〇一〇年で前後半に分け、A・Bの二つの図とした。ここから次のことが観察されよう。

（1）次期の予測値は、おおよそ当期の実績値に追随するかたちで、言い換えれば足元の趨勢の延長線上で、決定されている。正確にいえば、今期の実績値がまだ発表されていない時点での予測であるから、結果として、次期予測値はおおよそ今期実績値として直後に発表される数値に近いものになっている。全体として、適応的に期待形成されていることがかなり明確に確認される。

（2）予測が実績追随的ではない動きを示した局面としては、次のケースがみられる。まず、二〇〇九年第Ⅲ四半期からの動きは実績値に先行している。すなわち世界金融危機による落ち込みからの早期の回復が予測され、そして外れた。次に、二〇一一年第Ⅰ四半期、つまり東日本大震災後の落ち込

22　のちに改訂される場合もあり、その場合には、予測がなされた時点で参考にしえた直前のデータの系列を示すという趣旨で、最も直後（物価の場合は翌月）の調査結果に掲げられた実績値を採っている。

みは、六月時点になっても予測に採り入れられておらず、実績と大幅に乖離した。第三に、二〇一三年第Ⅰ四半期からの予測値が、実績に先行してプラスになり、上昇している。これは「アベノミクス」「異次元金融緩和」への期待を小幅ながら持ったことを示すと考えられる。

（３）一年後の予測値の動きは、実績値および次期予測値よりも相当に小幅である。つまり、短期的に大きく変動したとき、一年後までその変動は続かないと予測している。トレンドに戻る動きを予測しているわけであり、「平均回帰」の考え方をベースにしていることがわかる。なお、二〇一四年四月からの消費税率引き上げの影響が一年前から予想に組み入れられたこともわかるが、これは当然のことで、経済構造の理解とは関係がない。

以上は、予想（期待）の取り扱いについての前述の整理をおおよそ裏付けているといえよう。確認すると、合理的期待形成は、経済の反応のメカニズムがきわめて単純・明白な場合にのみ当てはまり、多くの場合には、先行きに不確実性が大きいために、足元の傾向を基礎にする適応的反応を基本にするほかない。予想についての議論が当初そうであったように、ここでは、予想（expectation）は現実の感知・認識（recognition）と密接に近接する。フリードマンのケインジアン政策批判の議論、自然失業率仮説の提起の原点は、現実と感知（認識）との乖離（錯覚 erosion）であったことも想起したい。むしろ予想が外れること、その理由は何かを定式化することが社会科学の順当な課題である。政策のようなショックの結果をどう認識するかについては、右の「きわめて単純・明白」なときに「正しく予想する」場合をレアケースとして、その他のバリエーションを定式化することが重要になる。

2　主流の破綻と必要な見直し

合成の誤謬の重要性

近年のマクロ経済学の新古典派的潮流のもう一つの柱は、「ミクロ的基礎づけ」という方法であった。マクロで想定する反応関数はミクロでの各主体の行動によって厳密に説明され（基礎づけられ）なければならないという考え方である。その場合、両者をつなぐのは「代表的個人」という想定となる。このとき問題になるのは「合成の誤謬」（fallacy of composition）のメカニズムであるから、これについて述べよう。

効率化という言葉のもとに、コストの削減があらゆる部面で推奨され実行されたが、それは共倒れ的な縮小、すなわち縮小均衡を結果した。一九九八年以降に明確に現われた、需給ギャップ（需要不足）の拡大、デフレ（消費者物価の低下）、賃金低下の悪循環がその中心であった。

合成の誤謬は、個別（ミクロ）では目的に対して合理的であるが、それを集計した全体（マクロ）では不合理になる場合をいう。劇場で舞台が見えないとき、自分だけ（＝ミクロ）立ち上がれば見えるようになるが、皆が（＝マクロ）立ち上がるとまた見えなくなる場合などが例に挙げられる。この仕組みは次のように解される。個別で目的合理的に行動すると、競争上（対抗上）、他のすべての主体も同様に行動することを誘発する。その結果、目の高さが前の席の人の「座高以上」であれば前が見えるという当初の前提条件が、「身長以上」へと変化してしまい、それによって目的が実現しなく（不合理に）なるのである。要点は、競争上の行動の誘発と、前提条件の変化にある。

このことを頭に置いて、人件費切り下げを考えよう。一つの企業で賃金の引き下げが行われたとする。この企業だけを取り出せば、雇用を増やすことが可能である。しかし競争上、他のすべての企業も同様に賃金を引き下げようとするであろう。労働需要の価格弾力性が一を上回る――賃金が一％下がると雇用量は一％以上ふえる――場合でなければ、賃金総額は減少する。賃金はコストであると同時に労働者の所得であり、それは国民所得の大きな部分を占めるから、マクロの所得は減少し、家計支出は縮小するであろう（代わりに経営者や株主の所得が増加し、その支出性向が高くて、労働者家計の支出減を相殺して余りあるという、現実性がほとんどないケースを除いて）。企業投資など他の需要項目が家計支出の減を上回って増加するのでなければ、総需要は縮小する。すべての企業にとって売上げが縮小する。一人当たり賃金が下がれば雇用量が増えるというのは、売上げ一定を前提にしてのことであるから、それは想定のようには実現しない。結果は、縮小均衡であり、共倒れとなる。

――以上が、ケインズが一九三〇年代に指摘した、また近年の日本で現に経験した事態のメカニズムである。ケインズはこう述べている。

「不況には、コストが販売収入を上回るという性格がある。……賃金を引き下げて総コストを削減していけば、かならず均衡を回復できるという見方も、幻想にすぎない。支出を減らせば、勤労者の購買力が低下する。勤労者は商品を買う顧客でもあるので、販売収入がほぼ同じだけ減少する。[23]」

「ここにわれわれは、全体の利益と個別の利益との不調和の例を見る。……こんにち人気があり支持されているすべての救済策は、この共倒れの特徴を有している。[24]」

なお、以上はつねに当てはまるわけではない。右の通りいくつかの条件に依存するから、たとえば最低賃金の水準が高く設定され過ぎていたり、労働組合の強い交渉力のために一般賃金水準が高すぎる場合、雇用を縮小している――したがって水準引き下げが雇用拡大になる――領域もありうる。しかし言うまでもなく、日本の現状はそうではない。

個別の集計の結果が全体の前提を変化させてしまう「合成の誤謬」のメカニズムが働くとき、ミクロの拡大図がマクロにならないことはきわめて重要である。この点の認識の欠落ないし不足は、この

23　「一九三〇年の大不況」一九三〇年。
24　「世界恐慌と脱出の方途」一九三二年。

間の縮小均衡の原因であった。

必要な見直し

前述したように、アメリカとヨーロッパの一部の不動産バブルの崩壊によって、二〇〇八年にリーマン・ショックが発生し、世界金融危機がそれに続いた。各国政府は、まず金融恐慌の回避のため、なりふり構わぬ介入を迫られ、続いて財政スペンディングによる景気下支えを行い、それは各国の財政を悪化させた。またバーゼル国際銀行規制の追加、アメリカでのボルカー・ルール導入など、再規制（re-regulation）に向かった（第三章）。現実の必要に迫られて、政府介入が全面的に復活したのである。ケインズ政策そのものといってもよい。これは危機以前の思潮からは想定されなかった変化であった。過度の市場信仰に傾いた経済学の潮流は、客観的には明白に破綻した。近年の支配的思潮の破綻を示し、反省を迫った点で、二〇〇八年は画期である。

市場は失敗する。政府介入は必要である。現在実際に依拠せざるをえなくなっている考え方は、基本的には市場の効率化機能を活かすが、必要な公的介入によって調整する、というものにほかならない。一九七〇年代に時代遅れのものとして嘲笑され葬られたサミュエルソン（P.A.Samuelson: 1915～2009）らの「新古典派総合」（neoclassical synthesis）が、現実においては全面的に復活しているのである。

この現実をふまえた正面切った総括と見直しが必要なのは当然であろう。にもかかわらず、大勢はそうなっていない。社会科学として、これは異様ではなかろうか。とりわけメディアでは、急変する現実を報道することに追われ、長い視野での振り返りや反省がほとんど行われていない。

第二次大戦後から一九七〇年代にかけての時期に全盛となった新古典派総合の経済学は、当然ながら、こんにちから見れば当時の状況に影響されていた。成長率は高く、マイルドなインフレーション基調にあって（高圧経済）[25]、マクロ政策については成長率の波の安定化を正しく行えば高いパフォーマンスが出ると楽観的であった。一九三〇年代以来強化されていた金融システムや国際資本移動に対する規制体系によって、波乱や危機、また海外との裁定の圧力はブロックされており、増加する税収を基盤に社会保障の拡充が進行し、失業率も低く、格差も縮小して、社会主義と十分に対抗していた。規制を伴う高圧経済（regulated high pressure economy）であったといえる。パフォーマンスが高いため、危機感は薄く、マクロの不均衡をコントロールし、そのあとは基本的に市場メカニズムに任せてよい、とのビジョンを内容とする新古典派総合が経済思想の主流だったのである。

25　高圧経済は、総需要拡大の勢いが強く、常に総供給を上回ろうとする基調をいう。その逆が低圧経済である。Hicks（1974）参照。二つの状態は、経済成長率の高・低に対応すると思われる。供給力の調整には時間がかかるため、高成長時には需要の拡大が先行しがちになる（低成長時は逆）と考えられ、人口の成長や構成、産業構造や技術革新の性格などとも対応をもっていると観察される。

この状況は一九七〇年代に転換点を迎えた。高率インフレになるとともに成長率は低下し、失業率は構造的に高まった。財政収支が悪化を始め、社会保障の拡充を続けることは困難になった。規制の解除が進行し、グローバルな資金移動が拡大した。国際競争は格段に広範にまた厳しくなった。格差は拡大に転じた。一九七〇年代の一時的なインフレ昂進を経て、一九八〇年代以降の基調は低規制下の低圧経済（deregulated low pressure economy）に転換した。この経過のもとで、インフレと失業の並存はケインズ批判に力を与え、マクロの政策否定論に進んでいった。政府の拡大と財政赤字、競争力への足枷に対する危機感が強まり、規制緩和、民営化、再分配縮小――要するにミクロの自由市場競争の原理を一面的に強調する議論を強めていった。それが、投機の頻発や格差の拡大といったネガティブな事態が顕在化してからも無反省に続いたのである。かつて外国為替について、ミルトン・フリードマンらが変動相場制の効能を主張したものの、現実は原理的想定通りに良好ではなかった。すなわち経常収支の均衡化は容易に現実化しない一方、投機的な資金移動による不安定という新たな困難な問題が表面化した。それと同じことが経済と経済学全体に起きたといえる。

以上、近年の経済学の偏向が思潮面から社会に多大な悪影響を与えたことをみてきた。そうであれば、経済学には見直しが必要であろう。社会科学としての現実性を取り戻すことを意識すべきである。事実を虚心に観察し、把握すること（fact findings）が何より重要である。演繹的・抽象的原理を一方的に強調し、事実もその原理のレンズを通して見る結果として、一定の事実を無視ないし軽視することが多かった。この態度は改められなくてはならない。

まず、市場の失敗の理論を正当に重視すべきである。市場機能を考えるときには、議論の前提条件を具体的に詳細に吟味する必要がある。よってまた、市場指向の政策を考える際は、想定する効果が挙がるための前提条件が満たされているかどうか、その整備の必要の有無を検討し、副作用が生じうる場合には必要な付帯措置を用意しなければならない。「経済の基本原理」で押し切る型の議論は、経済学の名で行うべきものではない。

次に、専門外の一般論への逃避ともいうべき現象を指摘したい。複数の政策手段を同時に実施することをポリシー・ミックスという。そのとき、各政策手段はそれぞれに適した（相対的に得意な）政策目標の達成を主に担当させるのがよい。これを「政策割当」の原理（マンデルの原理）と呼ぶ。この考え方に依存して、自らの専門外の分野の一般論へ結論を逃避させるパターンも、この間目立った。たとえば金融専門家が、ある金融政策手段が停滞脱却に決定的に有効であるという結論が出せないとき、供給側に働きかける構造政策——法人税率の引き下げ、一般的な産業規制緩和、労働市場の柔軟化など——の実行が鍵を握ると論ずるようなケースである。考え方の一般論としてポリシー・ミックスの議論は間違っていない。しかし、結論としたものについてこの論者は専門家でないため、本格的には何も論ずるものがなく、政府サイドやメディアからよく聞かれる（すなわち主流の）一般論を繰り返すのみという結果になる。結論としての政策主張であれば、その点についてこそ、前記の前提条件や副作用の検討を徹底的に行わなければならないが、それはなされない。論じているようで何も論じず、主潮流を後押しするだけに終わるこのパターンは、無責任となる。

前提条件の存否や副作用への対処を検討するという課題は幅が広いため、当然、経済学の他の分野、さらに他の社会科学分野への目配りを必要とする。このことから、経済学内部のみならず社会科学の過度の分業・専門化が進んだ現状は見直され、より広い視野の必要が意識されなければならないと考える。

第3章　金融の攪乱

1　バブル

バブル生成の経過

長期停滞の前半、すなわち二〇〇〇年代央までは、バブルの反動による金融システムの混乱が最大の問題であった。その後はデフレ脱却が重要な政策課題とされ、しだいに大胆さの程度を増していく金融緩和策が試みられた。金融は重大な役割を演じたのであり、そこには今後参考とすべき教訓も含まれている。そこで本章では、この間の金融の動向を整理しておく。

バブルは近年世界的に続発している。市場は誤る。しかも頻繁に、大きく、致命的に誤る。近年のバブルはそれを誰の目にも明らかに示す（職業的市場信仰者はすぐに忘れ去ろうとするが）。

一九八七年から一九九〇年代初頭にかけて、日本では大規模なバブル経済が発生した。バブル（asset price bubble）は、経済学では、経済の基礎的条件（fundamentals）すなわち実力に見合った水準から大きく乖離して、資産価格が暴騰し、次いで暴落することをいう。しかしここで問題になるのは資産市場に限定した事象ではなく、それに伴うマクロの経済全体の動きであり、その点ではバブル経済（bubble economy）と呼ぶ方が適切であろうが、簡略化してこの意味でもバブルと呼ぶことにする。

日本と同時期の北欧危機、一九九七年の東アジア危機と翌九八年のロシア危機、二〇〇〇〜〇一年のＩＴバブル崩壊とアルゼンチン危機、そして〇八年リーマン・ショックとそれに続く世界金融危機、というように波が連続している。その背景には世界的な資金余剰＝資本過剰状態があり、海外から大規模に資金流入してバブルを起こした（imported bubble）例が多い。日本の場合はこれと異なり、バブルは海外から流入した資金で生じたのでなく、逆に資金が流出する状態のもとで起きた。すなわち円高進行を回避するため、資金の流入（円買い＝円高となる）を抑えようと低金利にしていたのであるから、国内の余剰資金によるバブル（home-made bubble）であった。双方のタイプともありうるということである。

ちなみに近年の中国の場合は特異であり、経常収支も資本収支も黒字、すなわち外貨が流入してきた。放置すれば外貨過剰から人民元高が起きるが、それを阻止するために政府が外貨買い・人民元売りの為替介入を大規模に行う。これにより人民元が市場に出ていき、通貨増発となって、インフレやバブルの可能性をつくり出す。この点では、一九七〇年代初頭の日本で円切り上げ回避のために行った外貨買い介入が、田中角栄内閣のもとでの日本列島改造ブームならびに第一次石油危機と相まって、「狂乱物価」と呼ばれたインフレとバブル（物価・地価高騰）の同時発生をもたらしたケースと共通する。

日本ではその後一九八五年プラザ合意後の急激な円高に続いてバブルが起き、停滞に陥ったので、急激な通貨上昇は避けなければならないとの教訓化が中国にはあるらしい（そうした説明を何度か耳にした）。しかし参考にすべきは一九七〇年代初の円切り上げ回避策の失敗であり、一九八〇年代に関するこの理解は事実と異なる。事実は、円高を回避しようとした金融緩和がバブルの基盤になったのである。

バブル発生の経過は次のようであった。

一九八五年九月のドル高修正を決めた「プラザ合意」を契機として、経常黒字の累積によって高まっていた圧力が堰を切ったように、円ドル相場は一ドル＝二四〇円水準から一二〇円水準に向かって急激に上昇した。その結果、一九八六年は鋭角的な「円高不況」となったが、翌八七年になると「円高メリット」の側面が現れるという、時間差付きの効果となった。後者は、原油など一次産品の世界的な値下がりと円高の相乗効果で輸入価格が大幅に低下したことによる。

円高不況に対して金融緩和策がとられるうち、輸入原材料コストの大幅下落によって、企業の手元に膨大な資金がもたらされた。この余裕資金が「財テク」と呼ばれた投機に向かい、バブルが始まった。余剰資金によって開始された投機的な資産取引に必要な貨幣を、金融政策が供給して事後的にサポートした。円高不況が終わったのちも、一九八九年五月の引き締め開始まで延々と、当時の史上最低金利＝公定歩合二・五％が維持された。金融緩和継続の理由はあとでみるようにいくつかあるが、円高の抑制も大きな要素であった。

付言しておくと、こんにちでも円高恐怖症は根強い。通貨上昇に対する恐怖症は他のアジア諸国にもみられる。後発で、外貨不足に長く苦しんできた経験のゆえであろう。日本では円切り上げで壊滅的となった戦前一九三〇年代初頭の金解禁↓昭和恐慌のトラウマの影響が戦後まで残った。[1]一九七〇年代以降も、何度かの急激な円高局面で輸出難に苦しんだ記憶が刻まれたと思われる。また円高メリットの享受者は声を上げないのに対し、輸出に打撃を受ける産業は大きな悲鳴を上げて対策を要求するという非対称があり、メディアも反射的にそうした構図での取り上げ方をすることも原因となっている。しかし真実には、為替変動の影響は、輸出・輸入、対外資産・負債のそれぞれに多面的に及ぶものである。[2]円高すなわち回避すべきもの、という過度な反応は害をもたらす場合がある。今後は留

1　一九二九年の「金解禁」とは、グローバルスタンダードに合わせてかつての為替レートに戻す＝円高にすることであった。それは世界恐慌と重なり、昭和恐慌と呼ばれる強烈な不況に導いた。一九七〇年代初頭の円切り上げに直面した指導層の多くは、四〇年前の昭和恐慌時に青年期であった世代であり、円上昇の恐怖の記憶が強く意識されたと言われる。

2　たとえば、一ドル＝二〇〇円から一〇〇円へ円高になったとする（円からみると、二〇〇円で一ドルから一〇〇円で一ドルに両替比率が変わるので、円の価値は上がる＝円高となる）。このとき、国内で二〇〇円の商品が国際価格一ドルだったものが二ドルに値上がりするので、輸出はしにくくなる。逆に、一ドルの輸入品は二〇〇円から一〇〇円に下がるので、輸入はしやすくなる。一方、一ドルの債権は円手取り二〇〇円から一〇〇円に減る（為替差損）。逆に一ドルの債務がある場合、円支払は二〇〇円から一〇〇円に軽くなる。円安の場合はすべてこの逆になる。

意すべき点であろう。

このような経緯でバブルが発生し、株価は一九八五年の日経平均一万三〇〇〇円から八九年末のピーク三万八九一五円まで三倍に暴騰し、そののち二〇〇八年七一六二円まで五分の一に暴落する。地価（六大都市商業地）は同じく一九九一年のピークまで四倍ほどに暴騰し、のち二〇〇五年のボトムまで七分の一に惨落した。バブルの崩壊は富の大規模な喪失をもたらした。すでに記したように、不動産と株式の減価を合わせて二〇〇〇兆円近くに及んだ。

バブルの認知

繰り返すが、バブルとは、実力＝ファンダメンタルズ（fundamentals：基礎的条件）と乖離した資産価格の暴騰とその後の暴落である。経済成長に伴う実力に支えられた上昇ならば崩壊する必然性はない。そこでファンダメンタルズ価格＝理論価格の推定値と実際値を比べたグラフで確認しよう。図３－１は株価、図３－２は地価（六大都市商業地）について、いずれも『経済白書』一九九五年度版が掲げたものである（一部修正）。理論価格は簡単な資本還元法（配当や地代・家賃などのインカムゲインを金利で割る）を用い、図３－１ではＧＤＰを配当の代理変数として用いている。これによると、株価では一九八七年から九一年、地価では一九八八年から九二年にかけて、現実価格が理論価格を大きく上回り、バブルが生じていたとみられる。図３－３ではアメリカの住宅価格について同じ方法で試算し

図3－1　日本の株価

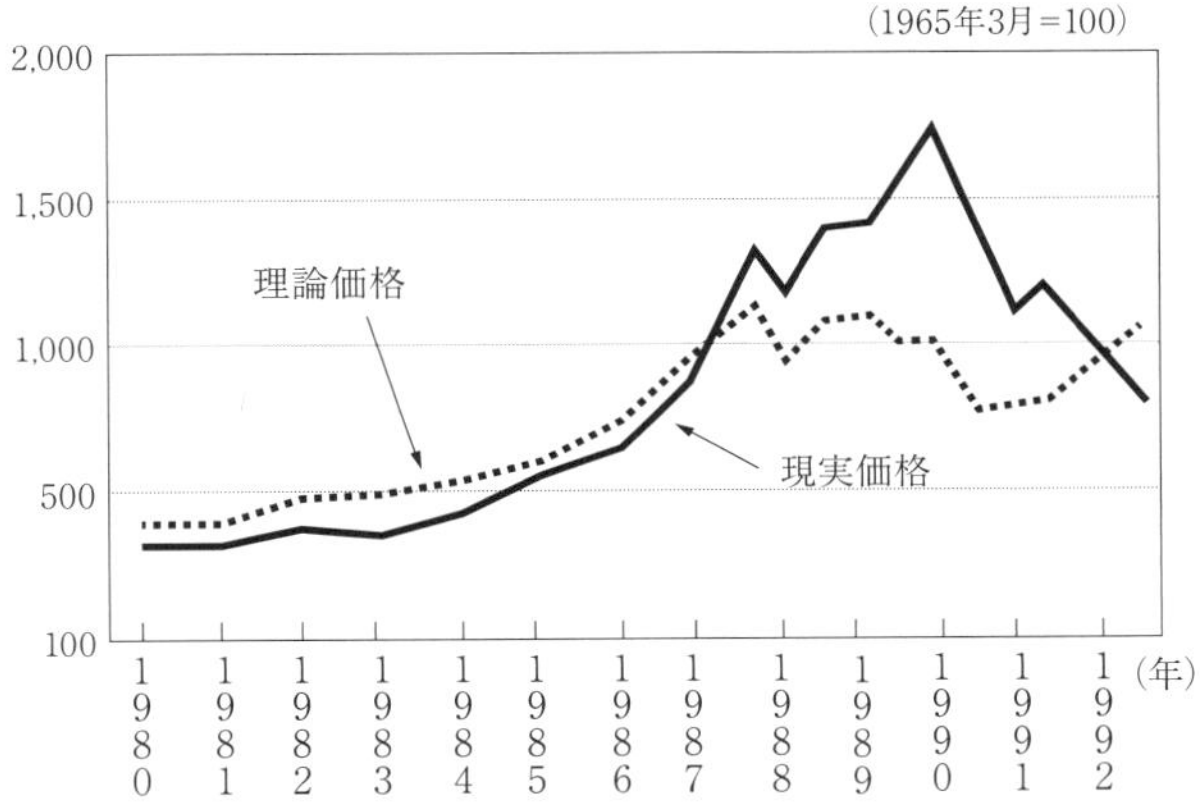

出所：『経済白書』1995年版

図3－2　日本の地価（6大都市商業地）

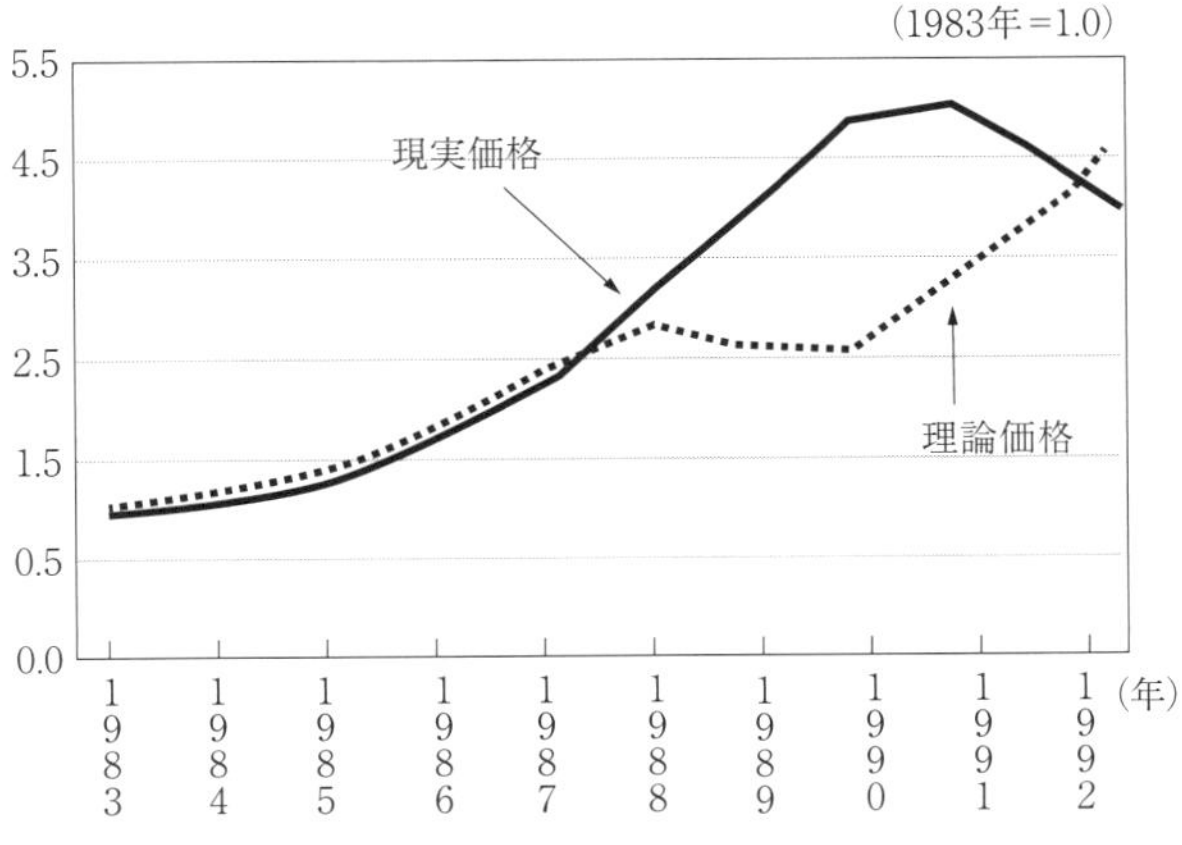

出所：図3-1と同じ

図３－３　アメリカの住宅価格（10都市）

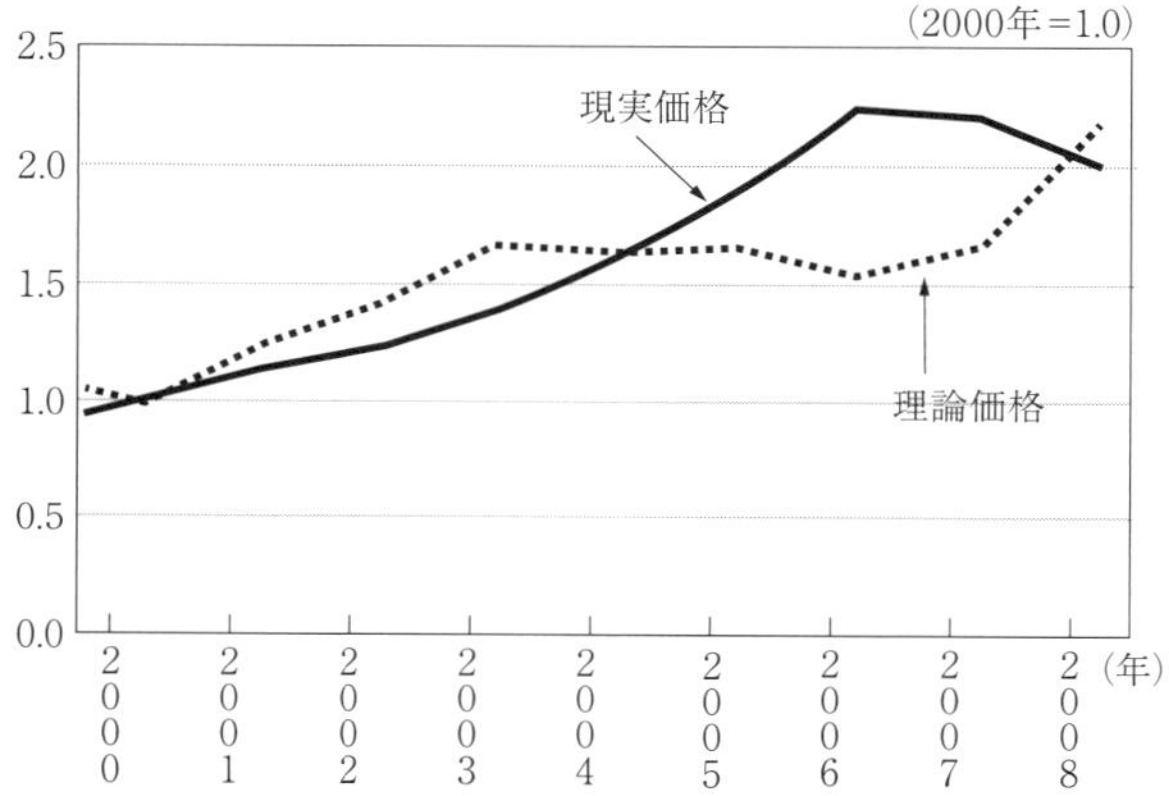

出所：IMF, S&Pにより伊藤修・黄月葦作成

てみた。二〇〇四年から〇七年にかけて日本の地価と同じ形のバブルが観察される。[3]

より簡易に、ファンダメンタルズを表わすものとして資本還元価格の代わりにGDPの推移（指数）を使う方法もよく用いられる。バブル時には理論価格自体も上昇することが多いので、その場合、GDPはそれを下回るが、近年の事例について、資産価格の実績値との乖離＝バブル発生の有無を見る目安としてほぼ同じく利用できることがわかっている。これによる国際比較では、不動産について、日・米のほか、イギリス、スペインなどでも二〇〇〇年代にバブルが生じたことが観察される。現在問題になっている中国については、住宅バブルは、まず全国平均データでは見出されず、懸念されるのは北京・上海・深圳などいくつかの都市に限られる。近年バブルを起こした他の諸国に比べて経済成長率が格段に高いので、それらの都市についても、住宅価格指数の伸びはGDPのそれを超過していない。ただし中国の独自事情として、家計の可処分所得の指数の伸びがＧＤＰ――正確には地域のデータGross Regional Products：ＧＲＰ――よりもかなり低く（家計への分配の低位を示す）、住宅価格はこの所得の推移を大幅に超えている。[4] つまり中国の場合、ファンダメンタルズ価格自体が高率で上昇しているが、家計への低い所得分配と比べると住宅価格が上方に乖離している可能性があることを示している。この乖離がより拡大するならばバブルの可能性が高く、崩壊の恐れもあることになる。逆に〝軟着陸〟が可能になるのは、所得の上昇が住宅価格に追いつく形をとる場合であろう。[5]

3　近年の経験から、資産市場の状態を把握するために不動産関係統計（価格および家賃等）の整備がきわめて重要である。また実際、二〇一二年のＧ20で統計整備が国際的に合意されている。

4　須賀昭一・朝倉ゆき「中国の住宅価格の地域別実態と国際比較」、内閣府「マンスリー・トピックス」二〇一二年四月一二日（http://www5.cao.go.jp/keizai3/monthly_topics/2012/0412/topics_006.pdf）。

5　住宅バブルの場合、平均的な家計の所得に対する住宅価格の倍率が一定値を超えると、実需に対して高すぎて買えない状態、すなわち投機需要に支えられた価格＝バブルであると推定できる。この住宅価格／家計所得比をＰＩＲ（Price Income Ratio）と呼び、それが五を超えて一〇に近づくとバブルの危険性が高まるということが近年の経験則である（日本のバブル当時にも都市部について同じことが言われた）。この方法により、中国では近年すでに温州、杭州、オルドス（内モンゴル）では住宅バブルが発生し崩壊したとみる研究がある。朱云卿「中国の不動産価格『バブル』――対所得比率の観点からの分析」（埼玉大学修士論文、二〇一六年）。

中国についてはバブルの有無が長いあいだ議論されてきたし、こんにちでも右のように一定の推論ができるのみである。このことは、バブルの認知の困難さを現在進行形で示している。日米その他のケースでも、維持不可能なバブルであったことが現在では（事後的には）明白であるが、進行途上では判断は容易でなかった。第一に、ファンダメンタルズ自体が上昇している可能性がつねに主張された。特に、都市や地域によって不動産価格動向に大きな違いがあるため、個々に実体的根拠をもつのであって、一国全体のマクロ現象としてのバブルではないとの主張が行われることが多い。米住宅バブルの時期にも不動産経済学（Land economics）の学界では都市ごとの事情に関する詳細な計量分析が数多く発表され、バブルと断定できないと多くは結論したが、結果的には誤ったことになる。中国の場合も前記のように都市別の乖離が判断を難しくしている。第二に、現在の中国で銀行等の不良債権比率は低く、金融システムは頑健との主張があるのと同じく、どの例でもバブル期にはミクロ・プルーデンス（個別金融機関の健全性）の点では問題はなく、むしろ良好であるから、検査当局も問題にしようがない。不良債権が増加するのは、バブルがピークアウトしてしばらく経過してからである。

なお、個々の金融機関の健全性に注目する伝統的なミクロ・プルーデンス（micro prudence）に対して、金融システムさらには経済システム全体のどこかにリスクが蓄積されていないかをみる観点を、近年マクロ・プルーデンス（macro prudence）と呼んでいる。〝自分の庭はきれいにしても街はゴミだらけかもしれない〟という視点である。重要ではあるが、この観点からの具体的な行政手段を定めることは簡単ではない。

こうした理由から、バブルの判定は難しい。近年の例では結果としてすべて判断を誤ったことになる。米サブプライム・ローン問題の場合、リスクの高いローンも含まれていること、高騰する住宅を担保とする融資や有利なローン借り換えを通じて米家計の旺盛な消費、ひいては世界経済が牽引されていることは、少なからず指摘されていた。したがって住宅価格上昇が崩壊すれば甚大な危機になることも推測できた。しかしそうした警告の声はかき消され、リーマン・ショック、世界金融危機に至ったのである。

This time is different（今度だけは違う）という心理

そこに働いていたのは〝今日まで大丈夫だったのだから明日も大丈夫だろう〟〝もし危機が実現したら恐るべき事態になるのだからまさかそういうことはないだろう〟という人間のもつ思考癖、つまり見たくないことは考えないでいたい心理、思考停止の誘惑であった。これは、危機をいつも意識していたら苦しいので忘れていたいという自己防衛本能からくると考えられる。リスクが巨大であるほど、また事情に通じた者ほど、思考停止の誘惑は強いであろう。これによって当面の精神安定は保たれるものの、深刻な危機に対してほど無防備になる。以下では日本のバブルにおける心理の問題を考えておきたい。

バブルが成長するには、信用の膨張、緩和的なマネー供給と並んで、ユーフォリア（陶酔）と呼ばれるような先行きに関する超強気の心理の広がりが必要である。アメリカ住宅バブルがITを基盤とする「ニューエコノミー」、崩れのない「グレート・モデレーション」（大いなる安定）といった楽観論にもとづいていたのと同じく、日本の場合にも強気の時代認識論が支配した。

たとえば、大幅貿易黒字を非難されるほど強い国際競争力を背景に、「衰退する超大国アメリカ」に対して「ジャパン・アズ・ナンバーワン」といったフレーズが日常化した。その源泉を説明する「日本型システム」論も浸透し、その受け取られ方は、日本型の〝合理性〟の説明から〝優位性〟の説明へと進展した。金融面では日本が「世界の資金供給国」の位置にあり、東京は「国際金融センター」になるはずであるとされた。資産ストックの膨張については、かつての所得倍増の時代から、「資産倍増」「資産大国」「ストック経済」の段階に至ったのだと論じられた。関連して、生活の豊かさの段階に不可欠なのはリゾート（施設）であることも強調され、地方不動産開発の中核、そしてこちの不良債権となっていく。さらに、急速な上昇が大規模な反動調整をもたらす恐れに関しては、コンピュータによる在庫管理の高度化により、波動の危険はごく小さくなったとされた。これらは経済白書をはじめ政府によってもオーソライズされた、というよりむしろ宣伝された観念でもあった。楽観・強気の極端な例では、大手メディアにおいてさえ、日経平均株価は五万円、あるいは一〇万円になってもおかしくないという展望まで語られた。

以前筆者は、バブル期の新聞および経済雑誌を調べ直してみたことがある。[6] それによると、まず新聞は、専門紙である日本経済新聞でさえ、バブルの可能性という問題意識を取り上げ、多少とも世論に影響を与えたと思われる形跡がほとんどない。これに比べて経済専門誌はさすがにより意識的であったが、強気論に軸足を置いた両論併記のかたちが多かった。次に特徴的なのは、不動産と株式がそれぞれ別個の分野として扱われ、資産、資産価格、バブル、という概念・問題意識がみられないことである。分業化されたそれぞれの市場の専門家は自分の対象しか見ない。

「バブル期に警鐘を鳴らす者はいなかった」は常套句であるが、調べてみると、これは事実ではない。たしかにアカデミズムの領域では、判断材料不十分で不確かな時論的問題は扱いにくく、研究発表は遅れる。学者の発言があるとすればジャーナリズムの場でのそれになる。そこでは論者個人として警鐘を鳴らした論稿や発言は存在した。調査した範囲で最も有力な議論とみられるのは、野口悠紀雄、長谷川徳之輔、植田和男の各氏のものであり、いずれもバブルの概念に照らして当時の資産価格を過大で存続可能でないと位置づけた。[7]問題は警鐘を鳴らす者がいないことではなく、警鐘が受け入

6　伊藤修（二〇〇一）。『日経』『朝日』の二紙、『東洋経済』『エコノミスト』の二誌の記事、およびバブル期の主要な関係図書を調査した。

7　野口悠紀雄「バブルで膨らんだ地価」（『東洋経済』一九八七年一一月二六日号）、『土地の経済学』日本経済新聞社・一九八九年、『バブルの経済学』日本経済新聞社・一九九二年、長谷川徳之輔「東京の地価はバブルである」（『エコノミスト』一九八八年三月二二日号）、植田和男「わが国の株価水準について」（日本経済研究センター『日本経済研究』一八号・一九八九年）など。

れられにくいことにある。説得的な分析にもとづく指摘であっても、いつの時代にも存在する際物的な危機論と同一視されることで、不当に軽視される傾向がある。早い時期の指摘であるほど客観的には価値が高いが、その時点では「オオカミ少年」のように受け取られる。前述の自己防衛本能が働き、人々は真剣に受け取らずに無視しようとする。バブルの崩壊は歴史上何度も繰り返されてきたという指摘に対しては、〝現代の新条件〟を根拠にして、ロゴフとラインハートが言うようにThis time is different（今度だけは違う）という主張が用意され、それで人々はひとまず忘れていることができる。実際に資金運用にあたる金融機関スタッフの世界では、一世代の交代が速いため、前回危機の記憶は失われており、アグレッシブを売りにし、成功を重ねて昇進してきたエリートが主導権を握っている。

このようにして警鐘は圧倒的な強気に〝かき消される〟のである。こうした世論状況のもとで、中央銀行の金融引き締めを阻む条件が取り囲むことになる。第一に、日本のバブル時も、米住宅バブル時も、物価は安定していた。中央銀行の主任務は物価の安定である（法規定上もそうである）ため、なぜ引き締める必要があるのかという激しい反対に直面する。インフレ気味であれば引き締めに入れるから、物価が安定していることこそバブルの条件であるとさえいえる。第二に、バブルは崩壊後にそうであったとはっきりわかるが、発生途上では決め手を示しにくい。ブレーキをかけようとすると、「この好調は実力なのだ」「歴史的発展の機会をつぶしたら責任をとれるのか」という猛烈な反対に取り囲まれる。こうして、現に利益を得ている人々がいるために、ブレーキをかけることはきわめて難しいのである。日銀が公定歩合を引き上げ、ブレーキをかけたのは一九八九年五月であった。結果的には遅れた。

国際協調・円高回避ファクター

バブルの成長には国際協調への過度の意識という要因もあった。

一九八〇年代は、貿易不均衡を背景とする日米経済摩擦に振り回された時代であり、金融政策運営にもこの圧力がかかった。内需拡大のために基調として低金利が要請されるだけでなく、具体的に金利引き上げが考慮されるケースで阻止的に働きもする。さらに、バブル期の日本は最大の貿易・経常黒字を計上し、資本勘定では最大の資金供給国であった。資金供給国は低金利でなければならず、歴史的にも歴代の資金供給国は国際的な金利の底に位置したと論じられた。こうして日本は金利面でのアンカー（すなわち低金利）でもなければならないという論理も影響力をもった。

一九八七年一〇月、アメリカを発端にブラック・マンデーと呼ばれる世界的な株価の大暴落が起きた。日本も例外ではなかったが、回復は早く、翌一九八八年四月には暴落前の水準を抜いた。次いで七月には西ドイツ（当時）が金利を引き上げ、八月にはアメリカも利上げしている。このあたりが日本も利上げ・金融引き締めに入れるタイミングであったが、機を逸し、実際に引き締めを開始したのは一九八九年五月である。この間にバブルは最後の大暴騰を演じ、したがって崩壊後のダメージを拡大させた。のち米ＦＲＢ議長となるＢ・バーナンキらの研究[8]は、あるべき政策金利と実際が最も乖離したのは一九八八年である——もしこの年のタイミングで引き締めを実施していたらバブルはあれほど過熱しなかったかもしれない——と示唆している。

しかし実施できなかったのには、国際金利のアンカーでなければならないという国際協調の観点が強く働いた。後世から見れば国際協調の過度な考慮と思えるが、膨大な貿易黒字を計上して、特にアメリカから強い批判を受け、一方では世界経済のリーダーになりつつあると自認していた当時の状況を想起しなければ、理解できないであろう。

もう一つの要素として、国際資金の流入を抑えて円高の進行を回避したいという〝私益〟の側面もあった。したがって日本のバブルは海外からの資金流入で起きたタイプではなく、それを抑えようとする低金利政策がサポートした国内余剰資金型であった。既述のように日本では円高忌避のバイアスが強いが、それはこのケースのように利益を損なう結果にもなりうる。

一般的には、やはり国内経済の均衡・安定が優先されるべきであり、特殊に危機的で必要な場合を例外として、国際協調要因を過度に重視することには慎重でなければならないといえよう。

Leaning against the wind戦略

中央銀行が金融を引き締めることによってバブルの膨張を抑制できるか否か、すべきか否かについて、国際的に論争されてきた。[9] アメリカ連邦準備制度（中央銀行）ＦＲＢや世界の金融学者の一部はこう主張した。バブルかどうかの認定も難しく、また火がついてしまえば金融引き締め政策でバブルを止めるのも難しい。さらに副作用の方が大きくなるリスクがある。したがって引き締めを行うべきではなく、放置するほかない。バブル崩壊後に間髪入れず下支え策を打てばよく、その方法でアメリカでは二〇〇一年のITバブル崩壊をうまく乗り切った（日本のように遅れると深刻な事態を招く）。この立場を《cleaning up afterwards》（事後対処／後始末）戦略と呼ぶ。これに対して、国際決済銀行BISのエコノミストや他の金融学者は、たしかに難しいが、ブレーキをかけるために金融引き締めを発動すべきだと主張した。この立場を《leaning against the wind》（強風に向かう前傾姿勢／事前抑制）戦略と呼ぶ（筆者もこの立場であった）[10]。

論争の決着は二〇〇八年リーマン・ショックによってついたといえよう。アメリカでも不動産バブル崩壊の被害、金融危機は、株式に限られた二〇〇一年と異なり甚大で、FRBも事後対処しきれなかったという事実によってである[11]。

8　Bernanke and Gertler (1999).
9　氷見野良三（二〇一五）。
10　伊藤修・黄月華（二〇一〇）。
11　危機のあと米経済が日欧より速い立ち直りを示すにつれて《cleaning up》論が復活しつつあるようである。喉元過ぎれば熱さを忘れるの類といえようが、そのような楽観的な評価は妥当であろうか。

困難ではあるが、金融引き締めを発動して投機にブレーキをかける努力をする以外にない。引き締め策の代替案は、金融機関のリスクテイクを抑制する規制強化となるが、経営良好なバブル期において、それはほとんど困難である。引き締めの効果として、信用供給の拡大を抑止すること、強気化している先行き期待を変化させること、の二つの経路が見込まれる。その際、引き締めが別の部面または政策目標（物価、景気、対外均衡など）に深刻な悪影響を及ぼさないことを条件とする。なおこの点、日米のバブルでは、ともに引き締めは可能であったと考えられる。[12]

政府にとってバブルは心地よいことが多いため、バブルの警戒に当たるべきほぼ唯一と思われる政策主体は中央銀行となる。経験則では、金融庁などの行政当局の警戒は弱いが、今後は期待したい。危険を認知したとき、中央銀行は猛反対にも怯まない決意をもって、当初孤立無援であっても社会各層の説得に努めるほかない。バブルのリスクの認知は、ファンダメンタルズからみて相応の不動産・株式価格（理論価格）の試算――この試算は可能である――を行って、現実の価格がそれと乖離して暴騰しているか否かをチェックする方法を用い、説得も主にそれを用いて試みるべきである（簡便にはすでに見たＧＤＰトレンドとの対比でも可）。

「今回だけは違う」との反対論に対しては、バブルが繰り返されてきた歴史的教訓を、その種の反対論も同じく繰り返されてきた事実とともに、強調し続ける必要がある。経済問題では、歴史的アプローチは、論理を欠くと感じられるためか、軽視される（ときによっては馬鹿にされる）傾向がみられるが、歴史的パターンは説得力をもっている。ただしアナロジーだけではなく、過去のパターンとの異同の分析を必ず付けること、論理的説明に努めることが必要である。

さらに、中央銀行（や金融庁などの当局）は、信用の量が異常にふえているといった量的な面に加え、どのような業種・使途向けの融資がふえているかなど、質的な面にも注目して監視すべきである。経験によれば、資産投機の対象で注意すべきなのは不動産と株式、とりわけ不動産であり、融資先としては不動産業、建設業、および金融保険業が要注意となる。金融保険業を加えるのは、主にノンバンク（銀行以外の貸金業など）経由で投機資金が流れることが多いことによる。ＳＰＣ・ＳＰＶ（特別目的会社）などといった金融機関の関連会社、デリバティブを利用したものを含むオフバランス（帳簿外）取引も、規制逃れのバイパスとなりうる。「連結」の観点を広くとってモニターしなければならない。投機は新しい手法を利用して行われ、国によっても形態を異にするので、チェックポイントは一律・固定にせず、具体的態様の観察にもとづいて設定することが求められる。

12　現在の中国について、北京・上海・深圳などの都市で不動産バブルが生じているとして、マクロの（全国的な）金融引き締め（利上げ）を行うことはきわめて難しいであろう。不動産課税を強化する税制改革を行った上で、不動産融資を抑制するミクロ政策をとるほかないように思われる。理由は、①国際的・国内的な条件はマクロ引き締めすべきものではないこと、②バブルが一部都市に限られていること、③右のようなミクロ政策は他の先進国では困難だが中国では可能であること、などである。

2　バブル後の危機

金融危機の発現

バブルは、株式では一九八九年末、不動産では一九九一年中をピークとして崩壊した。ところが実体面の景気も、人々のマインドも、少なくとも一九九二年まで慣性を保った。引き締め解除の着手は一九九一年七月であった。日銀の金融引き締めが強すぎ、解除が遅すぎたと批判されるが、当時の現実に即して見るとそう単純ではない。[13] 大規模なバブルの転換点は単純な形をとらない（小さな再上昇などの動きを含むこともある）ので、判断は難しい。アメリカでも二〇〇八年九月の危機の直前・七月まで、投機はコモディティ（原油など国際市況商品）市場に対象を移して続いていた。引き締め開始も、不動産融資の総量規制や土地税制など政府の策も、遅れたことは明らかで、それゆえ引き締めは強いものにならざるをえなかったが、解除のタイミングは難しかったと見るのがフェアである。

保有株式など資産価値の低下、担保不動産の値崩れ、不良債権の累積が進行し、一九九五年ごろには金融機関の破綻は防ぎきれなくなって、一九九七年一一月二六日を頂点とする金融危機に至る。それは護送船団方式といわれた戦後金融行政の崩壊でもあった。

バブルが崩壊した一九九〇年代初めから、最後の銀行破綻である二〇〇三年のりそな銀行・足利銀行への公的資本注入で底入れするまでの金融危機の時代に、約一八〇の預金取扱機関（銀行、信用金庫、信用組合等）、つまり広い意味での銀行が破綻した。[14] 株式など証券投資の失敗で破綻したものもあるが、大部分の破綻原因はバブル期の不動産関連融資からくる不良債権であった。不良債権問題が一段落する二〇〇五年ごろまでに、一〇ないし一五年もかかっている。近年、世界中で金融危機が続発しているが、脱出までの期間でみると日本の金融危機は異常に長かった。なお、投入した公的資金の額は約五〇兆円でGDPの一〇%程度、そのうち四〇兆円ほどをのちに回収したから、正味の（回収できなかった）投入はおよそ一〇兆円・GDPの二%前後で、これは突出して大きいわけではない。

この長さから、日本の金融危機を特徴づけるキーワードは「先送り」とされる。政府（大蔵省）も各銀行（経営者）も、日本特有の無責任体質、保身体質により、深刻な事態を直視して抜本的な解決策に着手することを延ばしに延ばしたため、危機が長引いた。最後に小泉純一郎首相と竹中平蔵金融

13　この点も氷見野（二〇一五）参照。政策のタイミングは日・米で差がないとしている。
14　詳細は預金保険機構（二〇〇七）にまとめられている。

相の不良債権抜本処理＝「ハードランディング路線」（〝竹中革命〟）がようやく決着をつけた。——これがジャーナリズムの定説になっており、学界もその影響を受けている。

この定説は、保身の要因の実在を指摘するという正しい面も含むが、全体としては事実に合っておらず、誤っている。この図式によれば、態度の甘さが元凶であり、解決に必要なのは強い気構えであるという総括になる。事実はそのように単純ではないし、今後有用な教訓にもならない。筆者の知る限り最も早くからこのことを指摘したのは池尾和人氏であるが[15]、まったく同意見である。必要な制度を整えることが問題を解決するのであって、精神ではない。そして画期的な転換とされる小泉＝竹中金融行政の内容は新しいものではなく、前任者の段階までに整備されてきた制度を用いた行政の継続であった。新しい点は主に政治的なパフォーマンスであり、それが効果を発揮した点が功績である。これが事実である。以下、順次その内容を述べる[16]。

バブル崩壊後、しだいに不良債権が拡大していき、一九九五〜六年には銀行の体力＝損失吸収余力がほぼ尽きたとみられる。株価や地価の下落とともに、銀行のもつ資産の価値、含み益が減少し、やがて欠損を出すようになる。不況の進行に伴って返済能力を失う借手も増えていき、不良債権が拡大する。倒産させて貸出債権を失う方が損失が大きいと判断して救済的融資（追い貸し）を注ぎ込むと、不良債権はさらに累積する。

破綻は、バブル下で特に攻撃的に投機的不動産融資に突っ込んだ分野から始まった。その一つはノンバンクであった。ノンバンクとは銀行でない（預金を扱わない）という意味で、いくつかの種類があるが、このとき問題になったのは銀行の子会社・関連会社である貸金業である。銀行の別働隊として不動産関連融資に集中していったため、当然、不良債権問題はここから火を噴き、やがて銀行本体に損失負担が及んでいった。もう一つは信用組合である。広義の銀行（預金取扱機関）は、規模の大きい順に、大手銀行、地方銀行、第二地方銀行、信用金庫、信用組合の各業界からなる（その他に農協や労金などがある）。このうちバブルの傷が大きかったのは、大手、第二地銀、信組であった。ワンマン的経営者が不動産融資に突っ込んでいったケースが多い。これに対し、地銀と信金には地域の社会・経済界の監視の目が強く効いたため、相対的に健全さを保ったとの現場の観察がある。

一九九五年には経営破綻に瀕するものが現れ、大蔵省も従来のように救済合併で処理することが不可能になった。救済できる余裕をもつ金融機関がなくなったからである。このころ破綻したものには、

15　「問題の先送りを批判することはある意味で容易だが、問題を解決する能力がなければ、先送りするしかないというのが冷厳な現実である。……能力の不足を精神論で克服することはできない」（池尾（二〇〇九）一〇七ページ）。

16　以下この項は、預金保険機構（二〇〇七）のほか、西村吉正（二〇一一）、木下信行（二〇一一）、佐藤隆文（二〇〇三）、内閣府経済社会総合研究所監修（二〇〇九）、内閣府経済社会総合研究所監修（二〇一一）、『週刊金融財政事情 創刊六〇周年特別号 自由化行政苦闘の軌跡――大蔵省銀行局長証言――』二〇一〇年、参照。これらが基本文献になる。また財務省（旧大蔵省）としての公式記録は財務省財務総合政策研究所財政史室編『平成財政史 第六巻』金融行政（筆者執筆）で近刊の予定。

第二地銀で神戸の兵庫銀行（系列ノンバンクの損失の重みによる）、和歌山の阪和銀行（やはり不動産融資の損失により破綻して消滅）、信組では大阪の木津信用組合（バブル期に地銀並みの規模にまで急拡大し、一時は金融界の風雲児ともてはやされた）などがある。

特に社会的に大問題になったのは、東京協和・安全の二信組と、ノンバンクの住専（住宅金融専門会社）であった。処理のため公的資金を投入することに対して国民の批判が噴き上がった。批判はっともなことで、バブル時に不動産融資で大儲けした金融機関がそのあと破綻しそうになって国民の税金を投入するのは不公正であろう。責任をとるべき者がとるという筋を通し、納得できる処理であることが欠かせない。しかしこのときまだそうした正当な原則に立った制度は未整備であった。当然、政治的に混迷し、必要な公的資金投入もタブーになってしまった。この〝ボタンのかけちがい〟のために処理策がとれないなかで欠損の拡大が進み、金融機関の破綻が続発する危機の時代に突入する。

預金取扱機関の破綻数は、一九九七年一七、九八年三〇、九九年四四、二〇〇〇年一四、〇一年五六、と激増する。とりわけ危機のピークは九七年一一月であった。一一月三日、証券準大手の三洋証券が破綻し、市場調達資金の返済ができなくなった（初のコール市場でのデフォルト[17]）。恐怖が広がり、市場融通がフリーズに近い状態になったもとで、一七日、北海道拓殖銀行（拓銀）が破綻し（大手銀行の破綻は世界でも稀である）、二二日に四大証券の一角、山一證券が破綻した。そして二六日に最大の危機に至る。全国の主要都市で、戦前の金融恐慌以来の銀行取り付けの行列が発生し、混乱のなかで仙台の徳陽シティ銀行が破綻に追い込まれた。不安を煽って混乱が飛び火しないよう報道はされなかったが、実は切迫した事態であった。[18] 翌一九九八年には、資産規模で拓銀を上回る長銀（日本長期信用銀行）と日債銀（日本債券信用銀行）が破綻した。この二行に投入された公的資金が全体の三分の一を占める結果となる。さらに二〇〇一年まで前記のように中小金融機関の破綻が続発するとともに、大手も含めて欠損の拡大、自己資本の毀損が最悪の状態になった。最後に二〇〇三年にりそな銀行・足利銀行に公的資本注入が行われて、ようやく金融機関の破綻は一段落する。不良債権の処理がほぼ安全圏まで進捗したとみられたのは二〇〇五年度に至ってである。

政府対応の遅れ

バブルが崩壊した一九九〇年代初頭の時点で、政府（当時所管は大蔵省）は金融機関破綻処理制度の備えを持たなかった。その後、混乱のなかで試行錯誤しつつ、金融危機に対処する体制が少しずつ整

17　コール市場は、金融機関どうしが短期的な資金の融通をしあう短期金融市場（マネーマーケット）の中心。デフォルトは債務不履行。

18　これまでの経験にもとづき、日銀各支店から取り付け銀行の窓口に紙幣を大量に運び、「お金はあります。大丈夫です。落ち着いて下さい」との趣旨を呼びかけ続けること、店外に行列ができると目立つため来客はまず建物内に入れることなどの措置がとられた。また引き出した現金を帰宅途中に窃盗される事件が続発したので警察も出動した。

備されていった。細かな点は省略し、主要な流れのみを以下に整理する。

戦後、護送船団方式[19]と呼ばれる金融行政がとられてきた。一つの金融機関も脱落しない（各業界で最も体力のないものも維持される）よう保護と管理を加え、それでも経営悪化が生じた場合は、より大手による救済合併を水面下で斡旋して金融危機を未然に防ぐという手法である。それはほぼ完全に成功し、危機は起きずにきた。国民は金融の安全を疑わず、大蔵省は好かれはしなかったものの手腕は信頼されていた。ところがバブル崩壊後、金融機関は大きな損失を抱えた。いくつかの破綻が発生し、救済合併を斡旋しようとしても、その余裕がある引き受け手はなくなった。こうして一九九五年ごろに護送船団行政は行き詰まり、崩壊した。

一九九〇年代前半、大蔵省は先行き楽観と初動の遅れというミスを犯した。まず、地価は遠からず下げ止まり、また上昇に転ずる可能性が高いと予測した。そうなれば担保によって融資は守られるし、不況も深刻にはならない。これは根拠のない希望的観測ではなく、経済の反転上昇が戦後のパターンであったし、地価はなおさら腰が強いと見るのが経験上有力であった。大蔵省だけでなく筆者も含めて国民の多くがそう見ていたと思われる。これが先行き楽観である。

また行政方針として唯一明確だったのは、「公的資金投入はタブー」ということであった。戦前一九二七年の金融恐慌で公的資金投入案（震災手形法案）が政治的反発と混迷を招いたこと――そして国民は自らの身に危険を感じるまでは投入を肯定しない（これは結果としてその通りになった）――が教訓だとされた。さらに、この時点では公的資金投入の必要も条件もないと判断した。すなわち一九九三年段階での推計の結果、不良債権は四二兆円、そのうち担保などでカバーされていない部分が二一兆円であるのに対し、その欠損を穴埋めすべき「償却原資」は、毎年度の業務純益が六兆円、貸し倒れに対する引当金残高が五兆円、そして株式含み益三一兆円と、十分な余力があり、数年かければ償却できると考えられたからである（ただし株式は実際に一斉に売れば値崩れしてしまう）。

こうして初動が遅れるうち、金融危機を処理する制度的な枠組みをまったく持たないまま、金融機関破綻の続発を迎えた。結果的には予想の前提と初期方針に誤りがあった。

ここには日本の体質的な欠陥、すなわちすでに述べたコンティンジェンシー・プラン contingency plan（基本的な想定がくつがえってしまった場合の危機管理案）の欠如、その必要性の認識の欠如、が反映したといえる。大蔵省は、まだ危機が実感できない段階で対策案をつくれば「銀行の救済か」と批判されて混乱に陥り、危機に近づいた時点では「どの銀行がつぶれるのか」とマスコミや国会に追及されて本当のパニックを招く、と恐れた。このように考え、水面下で上手に処理してしまうという伝統的な手法をとるのでなく、確率にかかわらず危機管理案を準備しておく必要があるという認識、およびそのことの説得が重要であった。それを欠くと日本ではまた「想定外」が繰り返される。

準備を欠いたもとでの一九九五〜六年の東京二信組処理と住専問題処理に対する批判の噴出で、公

19　護送船団convoy systemは海軍用語で、復員者が持ち帰り銀行局に定着した。最も足の遅い船に合わせて一隻の脱落もないように船団が進むこと。

的資金投入が本当にタブーになってしまった。その時期、大蔵省声明文書「金融システムの機能回復について」（一九九五年六月）で、ようやく危機対処の基本原則が示された。この文書は、危機対策の目的は銀行の救済ではなく、社会に不可欠な決済を支える預金システムの維持であること、必要な責任追及がなされるべきこと、を基本的に正しく規定していた。しかし残念ながらそれは、二信組問題、住専問題、大和銀行ニューヨーク巨額損失問題などの混乱と喧騒に掻き消されてしまい、制度整備の加速化に結びつけることはできなかった。日本のマスコミはこの間、スキャンダル・個人吊るし上げパターンのまったく横並び、ステレオタイプ、一時的（一言でいえばワイドショー的）な報道を競うことに終始し、社会にとって真に重要な情報提供や問題整理はできていない状態を繰り返している。

こうして一九九七年三月期決算で銀行の「償却原資」はほぼ枯渇し、同年一一月の危機に至る。危機の現実を突きつけられ、冬を越えてさらに長銀・日債銀の危機が騒がれると、世論も政治家も危機を実感し、公的資金投入反対から急転回して、危機対策を求めることになった。これを受けて一九九八年夏の「金融国会」となり、ここから危機対応の制度が整備されていく。

金融危機対策の制度整備

次にはその内容が重要になる。金融国会で成立した「金融再生法」と「早期健全化法」で、破綻処理の骨格となる次のような制度が規定された。――破綻銀行にはまず誤った経営を続けてきた旧経営陣と入れ替えて政府が選任した整理管財人（receiver）を送り込み、管理させる。破綻銀行の受け皿の枠組みと、そこへの預金保険機構からの資金援助。引受先がすぐに決まらない場合の国による一時管理（一時国有化とブリッジバンク）。自己資本不足に陥った場合の公的資本注入（新規発行株式等を政府が買入れて自己資本を補充すること）などの仕組みを設ける。

またこれに先立って導入された早期是正措置（一九九六年法定・九八年実施）がきわめて重要な意味をもっている。欠損を穴埋めすることで自己資本が減少する（破綻に近づく）に従い、欠損の拡大を食い止めるための命令（赤字部門からの撤退、役員報酬・株主配当の停止、最終的には営業停止など）を発する規定である。崩壊した護送船団型の行政指導に代わり、空白になっていた行政介入の権限を新たに規定したという意味で、実務上は最も基本的で重要な制度整備であった。

右で決定的な意味をもつ自己資本の正確な把握のためには、欠損すなわち不良債権の正確な把握、したがって厳格な資産査定が不可欠になる。そこで資産査定の基準を示す「金融検査マニュアル」が一九九九年に策定された。これに沿って、銀行の自己査定、監査法人による外部監査、当局による検査、の三段構えの厳格な体制となった。この時期には特に厳格な「特別検査」や「集中検査」が実施された。

不良債権の額に関しては一九九〇年代を通じて混乱を続けた。大蔵省が発表する不良債権額は少なすぎ、発表のたびに増加するから、隠蔽していて本当はもっとずっと多いのではないかという疑念が持たれ、そのこと自体が国際的にも日本の金融に対する不信となった。真相は、大蔵省も銀行もその他の関係者も、開示が求められる不良債権とは何なのか、定義もよくわかっていなかったのである。[20]

不良債権には二種類ある。一つは、返済不能になるのではないかと銀行が予想する貸出である。これは、経済の先行きにも、銀行が今後選択する対応にも左右されるから、不確実であり、現時点ではある程度主観的なものである。それを公表すれば、この企業は銀行に見捨てられ、破綻するという発表の意味になる。したがって国際的にはそうしたものを開示せよとは考えられていない。ところが戦後日本では、大蔵省検査においてこの意味での不良債権を銀行に報告させてきたため、その開示が要求されているものと思い、困惑したのである。他方、国際標準（SEC基準の開示不良債権もそれに属す）はそうではなく、返済が三か月以上遅れているもの（延滞債権）や利子を減免しているものなど（貸出条件緩和債権）の額、つまり外形標準で――形式的・客観的に――当初の契約通りの返済がなされていない貸出の額を、銀行株式投資家の参考のため情報開示するというものにすぎない。[21]このことがしだいにわかってきて、検査マニュアルで国際基準を明確に規定し、疑念も晴れることになった。

定義の明確化とともに、不良債権処理の進展にとって実務上最も重要だったのは、償却に関する税制上の取り扱いの変更であった。償却（write-off：日本の伝統的な商用語では「損切り」）は、回収不能債権を資産勘定から落とす（直接償却）か、貸倒引当金を積み（間接償却）、損益計算書で損失を計上する。その分、利益は減り、法人税額も減少することになる。戦後、銀行の償却については特別な方式をとってきた。大蔵省銀行局が税務当局から委任されて償却不良債権を「認定」する制度であり、その際なるべく法人税が減額にならないように、したがって償却を認めないように、厳しく限定するのである。銀行に対しては競争制限・保護的行政をとり、いわば公式にレント（超過利潤）を保証しているのであるから、法人税減免は認めないというこの取り扱いは、その限りで筋が通っていた。しかし金融危機のもとでもこの取り扱いを続けたため、償却が不能となっていた。ようやく一九九八年に税務当局が態度を変更し、実態に即して償却ができるようになった。これによって不良債権処理は一気に進捗を始める。

ところで、資産査定を厳密にし、不良債権を償却することで銀行の資産内容はきれいになるが、それだけでは社会的解決にはならない。たとえば銀行がある貸出の回収を諦めると同時に融資関係を切ってしまうだけであれば、企業倒産が続発するであろう。すなわち、不良債権処理とともに借手企業の事業整理・再建が行われなければならない。

この点では、右の税制上の変更を経て、一九九九年ごろから過大債務企業の事業再生がいっせいに始まった。経営破綻しても、負担すべき者（出資者・株主）が負担し、責任をとるべき者（経営者）が

20　以下のことがらの全体像を初めて明確に整理したのは岩崎美智和（二〇一〇）である。木下信行（二〇一一）も参照。

21　アメリカでもかつては銀行の不良債権の把握は財務省管轄であったが、正確でないとの疑念が持たれ、主に投資家向けディスクロージャーの一環であるとの位置づけのもとに、一九七〇年代にＳＥＣ（証券取引委員会）に移管された経緯をもつ。

とって、患部を切除すれば、健全な事業の部分は再生・継続するのがよい。法的整理でなくても、権利・義務関係の処理と再建計画に関係者が合意し、実行するのであれば私的整理でもよい。このようにして一九九九年以降、そごう、ダイエー、セゾングループ（西武百貨店・西友など）をはじめ、懸案だった不良債権企業に対する銀行の一部債権放棄を基礎にした私的整理、再建が始まった。[22] 二〇〇一年にはそのルールを定めた「私的整理のガイドライン」もでき、二〇〇四年ごろにかけて処理が急速に進捗する。

不良債権問題の一段落

以上のような試行錯誤の経過を経て、ようやく二〇〇〇年前後に金融危機問題処理の体制がほぼ整備された。行政庁は大蔵省から金融庁に替わった。一九九八年以降のこれら制度整備に筋道をつけた責任者は柳澤伯夫金融相である。それを継いだ竹中（平蔵）金融行政は新しい内容をほとんど加えておらず、変えてもいない。「守旧派」の柳澤氏と「改革派」の竹中氏が激しく対立し、小泉首相が柳澤氏を更迭して、新任の竹中金融相が強力に不良債権処理をやり遂げたとされているが、事実に合致していない。

柳澤金融行政は、まず厳正な資産査定、特別検査（不良債権のあぶり出し）を行い、それにもとづいて問題中小金融機関（信組・信金）を一斉に整理（受皿機関に譲渡）した。これが前記二〇〇一年までの破綻処理の山をつくったのである。また、不良債権処理に期限を設けるルールを指示した。二〇〇一年の「二年・三年ルール」（既存の不良債権は二年以内、新規発生分は三年以内に最終処理）、二〇〇二年の「五割・八割ルール」（二年以内に五割、二年以内に八割を最終処理）である。[23]

竹中氏は、検査が甘い、公的資金を注入して一時国有化に追い込めと批判した。これに対して柳澤氏は、現在は危機にはないと反論し、安易な公的資金投入に反対した。危機ではないと主張したのは、実際に問題処理は進みつつあり、大手破綻の続発によるパニックはなさそうであったこと、公的資金投入はかえって銀行の自己努力に水を差す甘やかしとなること、担当大臣が危機を認めることはパニックを招く恐れがあること、といった判断からと受け取られる。

二〇〇二年九月、小泉首相は柳澤金融相を解任し、竹中氏を任命した。就任後すぐ竹中大臣は、「金融庁の検査は（すでに）十分に厳しい」「二年・三年ルール、五割・八割ルールを言い換えると（不良債権比率を）二年で半減となる」と述べた。[24] 就任前の認識は間違っており、柳澤行政の基本は継続するということを意味する。

22　セゾングループの整理過程をまとめたものに由井・田付・伊藤（二〇一〇）がある。破綻した企業グループの公式記録は珍しいが、これは元オーナーの故・堤清二氏の意向による。
23　これらは金融庁ホームページ（http://www.fsa.go.jp/）に記録されている。
24　これら大臣・長官記者会見記録も金融庁ホームページに収録。

竹中金融行政が行ったのは次のことである。第一に、柳澤行政のルールの上で「二年で半減」を目標に不良債権処理を進める。第二に、処理促進の重点対象を大手銀行と大口不良債権に絞り、ここに圧力を加える。第三に、中小金融機関については、問題機関の整理はほぼ済んでいたので、合併の促進と「リレーションシップバンキング」（中小企業向け融資の促進）中心に転換する。以上であって、特徴は後二者にあった。第二の点では、大手銀行に厳しい言葉と態度で対し（tough talkと呼ばれた）、対決場面を作りながら強い政治的圧力をかけ、処理加速を迫った。柳澤大臣の「ルール」が行政専門的に過ぎたのに対して、竹中大臣の「二年で半減」は、内容は同じながら素人にもわかりやすい。またマスコミ経由のイメージ効果を利用して〝大銀行と自民党守旧派の連合体＝敵〟という構図を描き、世論の支持を獲得して、その圧力により銀行を追い込んでいった。当時「学者に政治ができるか」と言われたが、実は政治的演出力量の面で成功したのである。竹中行政になると金融機関破綻は一件（足利銀行）のみであり、ぴたりと止まった。「ハード路線」と言われたが、それは右の政治的イメージだけであったことになる。

二〇〇三年、足利銀行とりそな銀行の二行が行き詰まった。竹中行政は、足利は破綻だとして株主に出資金を放棄させたが、りそなは破綻ではないとして出資放棄は課さなかった（ただし株価の低下による損失は発生する）。竹中大臣はこの扱いの相違を、不良債権と自己資本比率に違いがあったから当然と説明したが、この数字は、長銀・日債銀のケースでもそうであったように、査定によって大きく変わるもので、疑問であるとの有力な意見があり、筆者もそう考える。

ともあれ、りそなに対するこの扱いを、日本政府が断固として銀行を守る態度を示したものとして特に外資勢が好感する効果を生み、資金が流入して株価が上昇した。おりからの世界経済の好調を背景に輸出も伸び、リストラを経て企業設備投資も回復して、景気は上昇した。そのもとで「二年で半減」はほぼ達成された。

こうして長きにわたる不良債権問題、金融危機はようやく一段落した。景気上昇は二〇〇八年リーマン・ショックで止められるまで続く。

金融危機の教訓

以上の経過から得られる教訓をまとめておく。

(1)まず事前に巨大バブルを膨張させない努力が必要である。投機を誘発する税制の歪み(「節税」を生む非中立性)を取り除いておく。金融制度面の準備として、決済業務以下各業務のリスクテイク限度に応じた業務範囲とし、リスクの移転・波及を遮断する。歴史の教訓を重視する。資産取引とりわけ不動産取引とそれに対する金融の状態をつねに監視する。その際特にファンダメンタルズとの乖離のチェックが重要である。バブルを認知したときは、物価、景気、対外均衡など他の側面を考慮して不適切でなければ、遅れなく金融引き締めに入り、バブルの基盤である強気の予想に変化をもたらすよう働きかける。ブレーキは早めに踏み、バブル崩壊に際しては間髪入れずアクセルを踏む。

（２）コンティンジェンシー・プラン（危機管理案）をあらかじめ用意し、その必要を社会に浸透させておく。金融破綻処理の基本原則をまず明示する。その要点は、危機対策の主目的は銀行の救済ではなく社会的パニックを防ぐための決済システム保全であることと、正当な責任追及を必ず行うことである。この原則の明示と国民の納得なしには政治的な混乱がもたらされる。

（３）不良債権の正確な把握のために厳正な銀行資産査定を必要とする。銀行による自己査定、監査法人による外部監査、当局検査、の三段構えの体制が現時点での到達点である。

（４）不良債権処理の制度として、まず銀行自らが厳正に不良債権を表に出して引当・償却を行い、税務当局も正当に損金として扱う。自己処理・市場処理が十分でない場合は、不良債権を買い取って処理する公的機関＝ＡＭＣ：Asset Management Corporation（日本の場合は整理回収機構であった）が必要となる。そして銀行資産の健全化だけでなく借手の整理・事業再生を伴わなければならない（欧州金融危機の終結には特にこの点が重要である）。

（５）自己資本に応じた行政権限を規定する早期是正措置の枠組みは不可欠である。裁量的行政はもはや許されず、一方で経営悪化した金融機関へのルールに沿った透明な介入が必須であるならば、その権限規定がなければならないからである。

（６）破綻金融機関処理の制度を準備しておく。債務超過に近づき回復の見込みが薄い場合は、遅れなく破綻処理制度を適用する。企業としての破綻銀行はいったん整理し、その業務（預金、正常資産、従業員など経営資源）はできるだけ承継することを原則とする。経験によって得られた必要な具体的措置は次のようになる。――まず政府が選定する整理管財人を破綻行に送り込み、経営を転換する。承継（受皿）を引き受ける金融機関等に対して必要な資金援助を行う。預金保険の積立金で足りない場合は公的資金を投入する。破綻行の規模が大きく承継が難しいときは、新たな出資者を募りながら不足分を公的に資本注入する。公的資金の投入は以上の場合に限られ、整理を伴わない無原則な投入は有効でない。

（7）市場危機対策を準備する。マネーマーケットの麻痺を防ぐため、中央銀行は速やかに資金供給する。リーマン・ショック時のように、銀行以外の破綻による清算不能が予想されるときは、あくまで預金の保全が眼目であるから、非預金機関を救済するのでなく、それらと銀行との貸借を把握した上で、マーケットと預金機関の保全に資金供給を用いるべきだというのが筆者の考えである。

3　二一世紀入り後

世界金融危機と再規制の動き

第2章で検討したように、二〇〇八年のリーマン・ショックとその後の世界金融危機は、一九七〇年代以降の経済思想の流れと、それに先導されるとともに正当化されてきた金融の流れを破綻させ、客観的には大きく転換させた。それはすなわち、アメリカ投資銀行が拡大した業務が先導するかたちの自由化が正しく、モデルとすべきだとする流れである。多くの説明や理屈づけがくつがえった。たとえば、金融工学の駆使によって仕組み債のデフォルト確率や金融機関の破綻確率の極小を保証できるようになった、格付けは格付け会社間の競争によって信頼性が保証される、効率的な市場の評価は限りなく正しくなる、アメリカの金融システム維持法制を含む金融制度はほぼ完備されている、などである。これらの「保証」は実はなかったことが実証された。

危機に際し、政府と中央銀行は救済的介入に全面的に出動した（せざるをえなかった）。しかも、アメリカの制度も実は完備されてはおらず、「事前のルールの公正・透明な適用」といった理想とはかけ離れた、個別破綻ごとの、裁量的な、綱渡りの対応となった（ならざるをえなかった）[25]。これは危機前には経済学の教科書で徹底的に批判されていた対応の仕方である。

日・米・欧ともに、危機対処の財政出動に続いて景気刺激のための財政支出が行われ、一段の財政悪化が進み、一部ではソブリン（国の信用）危機にも直面することになった。

さらに金融規制の再強化（re-regulation）の検討に進んだ。アメリカでは金融規制を強化するドッド＝フランク法（二〇一〇年）が制定され、そこに含まれる「ボルカー・ルール」は、安全性が要求される商業銀行の自己勘定をハイリスク業務（ヘッジファンド等への投資も含む）と遮断することを求めた。古典的な規制であるが、基本的に正しい考え方だといえる。なおこれは、ハイリスク業務を禁じたり抑制したりする趣旨ではなく、あくまでそれを商業銀行業務と分離しようとするものである。一方、国際的規制の分野での動きはバーゼルⅢ――国際銀行監督規制（いわゆる自己資本比率規制）の第三次版――となった。その主要点は、①中核的自己資本をより資本性[26]の強いものに限定して定義することを柱とする自己資本規制強化、②オフバランスシート部分を含めたレバレッジ（借入）規制の導

25　リーマン・ショックに関する政策担当トップたちの回顧録の日本語訳版が出揃った。ポールソン（二〇一〇）、ガイトナー（二〇一五）、バーナンキ（二〇一五）である。

入、③国際的レベルで金融システム保全上重要な大規模金融機関（G－SIFIs：Global-Systemically Important Financial Institutions）に自己資本など規制基準の上乗せを求める枠組みの導入[27]、④自己資本比率規制の変動増幅効果（pro-cyclicality）の弊害を抑制するための規制基準の可変制の導入などである。

なおこれらに加えて、アメリカと欧州の一部は、公的資金の投入はしないことを原則とするよう強く主張している。投入を不要にするため、銀行の破綻危機時に債権者が負担するよう転換する内容の資金調達手段の導入などが主張されている[28]。これは今次金融危機における公的資金投入を批判する世論が強いことへの政治的な対応であると見られる[29]。投入なしで済めばもちろん望ましい（それには預金保険を大幅に拡大するなどの方法もある）が、それは現実的でなく、弊害も無視できないと考えるべきである。第一に、公的資金投入を不要にするための金融業の負担は大きく、社会的にマイナスとなる可能性がある。つまり、危機時の負担というリスクをもつ資金調達手段はリスクプレミアム（リスクに対して要求される収益の上乗せ）分だけ高コストとなり、他の条件が一定であれば、銀行の貸出金利を高め、供給資金量を削減して、経済厚生を低めるはずであろう。それは預金保険の積み増しと同様であり、「国民は負担しない」という外見で好評を得るための政治テクニックの意味しかない。第二にそれ以上に重要なのは、事前に準備しても、将来は不確実であって、想定を裏切る事態は必ず生じ、投入が不可避となる可能性が大きいことである。そのとき、理想的な「原則」に従って投入の枠組みを用意していないと、深甚な混乱をもたらすであろう。危機管理策は必ず用意しておくべきである。

非伝統的な金融緩和

二〇〇〇年代に入ってから金融政策（monetary policy）の領域で起きた変化は、日本に続いて米・欧でも、従来の常識をはみ出す大胆な金融緩和（非伝統的金融政策unconventional monetary measures）が実施されたことである。

26　規制上、自己資本に加えられている項目のうちにも、緊急時に発揮する性格に差があり、損失を負担する性質（資本としての性質）が確実なことを資本性という。資本金などはこれが強いのに対し、優先株のように損失負担力が完全でないものは資本性が弱い（負債性がある）。また株式含み益や繰延税金資産のように危機時に急激に減少することの多い不確実な項目も、自己資本規制上の適格性は劣る。

27　自己資本比率規制があると、同比率が下がる金融不況時に銀行はリスク資産（融資）を縮小し、逆に比率が高まるバブルなど金融好況時には信用供給をさらに拡大して悪循環を起こす。これを抑えるため、基準比率を不況局面で低め、公共局面で高める仕組み。

28　銀行救済資金の投入をベイルアウト（bail-out）といい、その逆という意味でベイルイン（bail-in）と呼ばれる。

29　日本でいうと住専問題の時点など一九九七年の危機以前の世論に近い。日本では危機を経験したあと世論は公的資金投入やむなしに明確に変わったが、これと異なるのは何故かは興味深い。

日本では一九九〇年代央から大幅金融緩和が始まり、一九九九年にはついにゼロ金利政策、すなわち政策金利である短期金融市場金利、具体的には翌日物コール・レートをほぼゼロ％とする政策に至った。正常な金融政策は正の名目金利の上げ下げを前提にしているので、これ以上下げる余地のない限界まで達したことは、歴史的に異常な事態の始まりであった。

日銀はゼロ金利政策を、景気回復とみて二〇〇〇年に解除するが、ＩＴバブル崩壊を機に景気が下降し、二〇〇一年に量的緩和政策を採用することになった（最初の情勢判断失敗）。量的緩和（Quantitative Easing：ＱＥ）[30]は、金利引き下げ余地を失ったゼロ金利政策の上にさらに緩和を加える手段として、ベースマネーの供給量を増加させるものである。指標として市中銀行の日銀当座預金残高を用い、のち黒田東彦総裁のもとでベースマネー残高に変更するが、本質的に変わりはない。量的緩和政策も二〇〇六年にいったん解除されるが、再び復帰し（二度目の判断失敗）、その後も続いてこんにちに至っている。この政策がめざしたマネーサプライ（貨幣流通量）の増加、デフレ脱却（物価上昇）は実現していない一方、金融界で「ジャブジャブ」「ブタ積み」などと称された超豊富なベースマネーが市中銀行の資金繰りに余裕を与え、金融不安を遠のかせる効果があったと評価されている。

二〇〇八年リーマン・ショック後、この政策手法は米・欧にも採用されることになる。ただし米ＦＥＤ・バーナンキ議長は、アメリカの政策は日本の量的緩和ＱＥとは異なり、取引が正常に成り立たず収縮している市場（たとえばＣＤＯ市場、ＲＥＩＴ市場、コール市場、ＦＦ市場といった個別の市場）をターゲットに資金供給する――つまり中央銀行が買手になってやる――正常化政策であると説明し、

「信用緩和（Credit Easing）」政策と称した。

こののち日本では、白川方明総裁時代末期の二〇一三年一月の政府・日銀共同声明で、事実上のインフレーション・ターゲティングが加わった。ただし右の共同声明に「金融面での不均衡の累積を含めたリスク要因を点検し、経済の持続的な成長を確保する観点から、問題が生じていないかどうかを確認していく」との一節を（おそらく日銀側の主張で）挿入している点に注目を要する。というのは、インフレ目標政策は物価という単一の目標の達成に金融政策を拘束するものであるため、他の政策目標の追求と相反を起こした場合——たとえば物価は安定しているがバブルが膨張しつつある等のとき——にどうするかという問題があるからである。右の一節は、そうした恐れを除くために総合的判断を可能にする柔軟性を確保した重要部分となる。

それ以後、直近のいわゆる「アベノミクス」のもとでの黒田総裁就任以降の金融政策、すなわち「量的・質的金融緩和QQE」やマイナス金利等については第6章で扱う。

30　マネタリーベースともいう。日銀（中央銀行）が市中銀行に供給する貨幣で、流通する現金、市中銀行の手元現金、市中銀行が日銀に預けている当座預金（日銀当預）からなる。

金融緩和をめぐる理論

以上のように、この間の非伝統的な金融緩和は、副作用への警戒のため中央銀行が守ってきた止めを順々に外していく過程であった。この過程で日銀の背を押した議論は、「リフレ派」と呼ばれる論者たち（岩田規久男、原田泰、高橋洋一、伊藤隆敏、浜田宏一などの各氏）が主導した。リフレ派の論者たちの理論的立場は必ずしも経済学全般にわたって一致するものではないと考えられるものの、概略は、ミクロでは基本的に市場メカニズムに任せ、マクロの不均衡に対してはケインズ的に介入すべきとする新古典派総合であり、後段については古典的なケインジアンであると観察される。ともあれ、右のように日銀が懸念を乗り越えて緩和政策を拡大あるいは深化していくに際してリフレ派の主張が強い圧力となったことは否定できず、その点で功績があった。

他方、理論的には基本的な誤りないし欠落がある。貨幣供給が外生であると考えている点である。つまり、中央銀行がベースマネー供給を増やせば、何らかの信用乗数倍のマネーサプライ増加が当然生じ、何らかの物価上昇が当然生ずると、金融教科書の初級の（すなわち機械的な）信用乗数論の説明通りに理解している。しかし近年の経験は、ベースマネーを増やしてもマネーサプライは増えない（信用乗数の低下とも表現できる）という明らかな事実であった。

この事実は、貨幣供給に関して内生説をとらないと説明できない。すなわち、マネーサプライの増加は市中銀行が貸出を創出するという行動を媒介にしてのみ実現する。銀行の貸出はもちろん利潤最大化行動によって決まる。それは、

（1）リスク負担能力の限度内という制約条件のもとで

（2）利潤を最大化するように貸出量を決定する

という形をとる。

（1）は、「貸出によって保有することになる資産がもつリスク（損失の可能性）を吸収できる以上の自己資本を持たなければならない」という関係から逆算して、「保有する自己資本で吸収可能なリスク量を含む貸出資産まで持つことができる」ということを表わす。

（2）は、銀行利潤＝収入－費用（ただし収入・費用とも貸出の増加に伴って増加する）という関係の中で、利潤を最大にするように貸出量を決めるということである。ここで、期待される収入は、貸出金利が高いほど、また貸出のリスクが低いほど、増加し、貸出を拡大するように作用する。費用は、調達資金コストが低いほど、また人件費・物件費などの経費が低いほど、低下し、貸出を拡大するよう作用する。

不良債権問題が深刻で、自己資本が減少していた時期には、（1）が貸出を制約していたであろう（キャピタル・クランチによる貸し渋り）。その後、自己資本の制約が解消されてからは、（2）が主たる制約になっていると考えられる。費用側は、緩和政策によって追加的な調達資金コストがきわめて低いから、収入側が主な制約になっているはずである。つまり、利益が見込める貸出対象が制限されて

いるので貸出が増加せず、マネーサプライも増加しないのである。したがって、貸出の追加によって利益が見込める状態に対応する資金需要が不足していることが、マネーサプライを停滞させている。このもとでは、ベースマネーを大量に供給しても、貸出・マネーサプライは増加しない。これがこの間の状態である。十分大きな資金需要ないし貨幣需要があるときには、中央銀行は制約となるベースマネー供給を通じて、需給均衡量となるマネーサプライをコントロールできる。しかし貨幣需要が限られているときは、ベースマネーを供給しても、均衡であるマネーサプライは需要に制約されてコントロールできない。リフレ派はこの内生的なメカニズムの理解を欠落しており、この点でリアリティを欠くことになっている。

右でいう貨幣に対する需要は、

貨幣需要＝財取引需要＋資産取引需要＋保蔵需要

と表わせる。保蔵（hoarding）は通常、貨幣の資産需要（ケインズでは投機的需要）と呼んでいるものである。すなわち、貨幣に対する需要は、財市場での取引（財の取引）を媒介する支払（流通）手段としての需要、同じく資産市場での取引に対応する需要、および価値貯蔵手段としての需要の合計であり、これが事後的に貨幣供給と――より小さい側の規模において――均衡する。ここで、物価が上がるには財取引需要が拡大すること、つまり財取引＝実体経済の拡大が必要である。日本の現状では、これが先行しないと銀行貸出・マネーサプライの増加、デフレ脱却は実現しない。

本章では、バブルの発生、金融危機とその対策、非伝統的な金融政策にわたって見てきた。制度や政策の具体的詳細から一歩離れて鳥瞰するとき、市場経済の一つの中核をなす貨幣と金融の分野において、抽象的な市場主義の観念と現実の距離がいかに大きいか、市場の失敗がいかに深刻か、公的な介入の必要がいかに大きく深いかを、あらためて認識させられるはずである。

第4章　企業の内向

1　資金余剰現象

資金余剰

図４−１は、部門別資金過不足表から、法人企業部門だけを取り出して描いたものである。通常は対ＧＤＰ比（％）をみるが、ここでは実額（兆円）を表示している。この間、名目ＧＤＰはおおよそ五〇〇兆円で横ばいであるから、対ＧＤＰ比もほぼ同じ動きになる。これによれば、一九九八年以来、企業部門は年数兆〜数十兆円、平均して約二〇兆円規模（対ＧＤＰ比では平均五％弱）の資金余剰状態にある。企業部門は資金不足であるのが資本主義経済の常態なので、一時的・例外的でなくこれだけ長い期間にわたって余剰が続くのは、異常事態であるといえる。

なおアメリカおよびユーロ圏をみても、近年、企業部門は資金不足にはなく、先進国圏全体で基本的に事態は同じである。アメリカではゼロの線を挟んで上下し、二〇〇〇年以降では二〇〇六〜〇八

図４－１　法人企業部門の資金余剰・不足

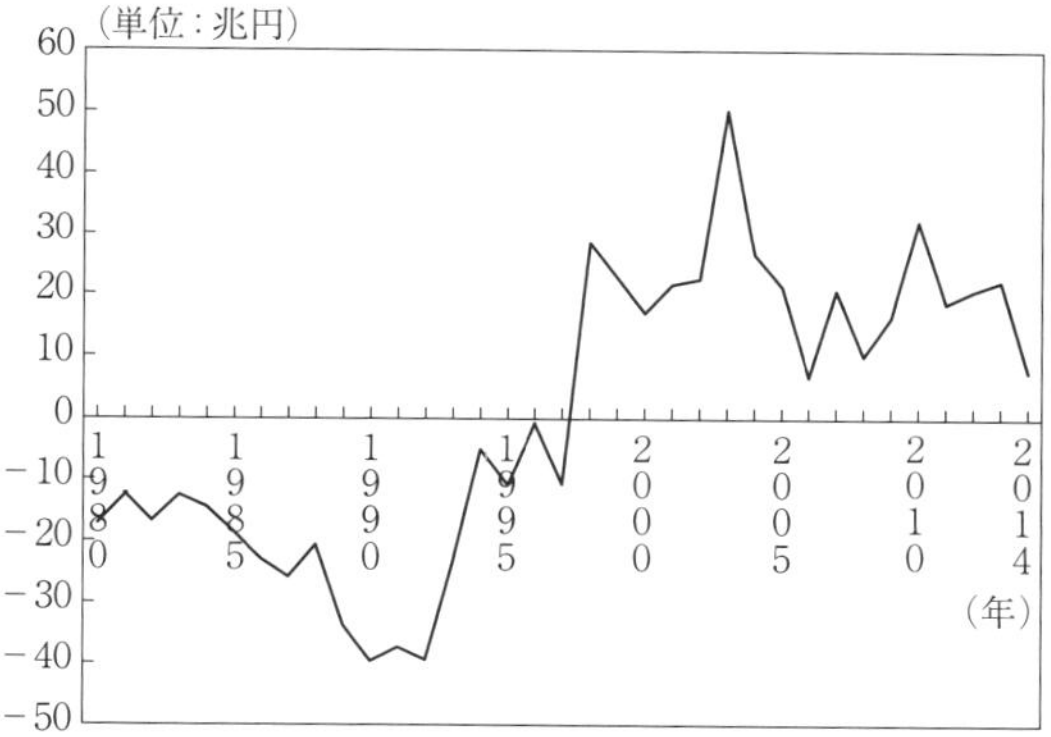

出所：日本銀行『資金循環勘定』から作成

年と二〇一一年を除いて資金余剰にある。ユーロ圏はほぼゼロの線の近辺で推移している。[1] さらに、高成長局面にある新興国は従来企業部門の大幅な資金不足が主導する資本輸入（＝経常収支赤字）を計上してきたが、現在は東アジア諸国をはじめ大きな経常収支赤字を出していない。[2] 異常事態は世界的なものになっている。

　この原因は、企業部門が高い利潤を得て内部留保していること＝高貯蓄と、他方での低投資である。利潤は高水準であり、日本の場合、停滞のもとでもバブル期を大きく上回っている。このなかから株主配当も増やしているが、内部留保（企業貯蓄）も高水準にある。一方、超低金利下にあっても投資が停滞していることは、一定の収益率が期待される実物投資先が見出せないか、経営者の態度が極度に萎縮している事情を示している。投資の

1　日本銀行「日米欧の資金循環」（www.boj.or.jp/statistics/sj/sjhiq.pdf）。
2　一九九七年のアジア通貨金融危機以後、収支ポジションを保守的に運営している。

表４－１　賃金・企業利益・株式配当の推移（国民所得計ベース）
（単位：兆円）

	1985年	1990年	2000年	2007年	2013年
賃金総額	151.3 （100.0）	196.5 （100.0）	229.9 （100.0）	216.6 （100.0）	207.7 （100.0）
企業利益	54.5 （36.0）	65.5 （33.3）	82.0 （35.7）	99.1 （45.8）	82.7 （39.8）
株式配当	4.2 （2.8）	6.1 （3.1）	6.8 （3.0）	17.8 （8.2）	24.4 （11.7）

注：１．賃金総額は統計の「賃金・俸給」、企業利益は「営業余剰（純）」、株式配当は「法人企業の分配所得　a．配当」をとった（93SNA）。
２．下段（　）内は賃金総額を100としたときの比率。
出所：内閣府『国民経済計算確報』（http://www.esri.cao.go.jp/jp/sna/data/data_list/kakuhou/files/files_kakuhou.html）

停滞により、日本の設備のヴィンテージ（平均年齢）は上昇し、老朽化が進んだ。かつて米欧に比べてヴィンテージが若く、過剰と思えるほどの最新鋭投資を特徴としていた日本産業の性格は変化した。利潤の増加は、売上収入の拡大かコストの低下のいずれかによる。利潤は高水準であるが新規投資の期待収益率は低いという状態は、現在の利潤が、外向きの売上拡大でなく、主にコスト削減という内向き＝縮小の方向に依存したものであることを示す。

以上のことを若干のデータでみてみよう。表４－１はＧＤＰ統計（内閣府）による付加価値分配の推移である。二〇〇〇年までは五年ごと、次いでリーマン・ショック直前の二〇〇七年、および直近の二〇一三年のデータを掲げた。賃金は、二〇〇〇年の二三〇兆円から二〇一三年の二〇八兆円まで、二〇兆円以上削減された。企業利益は一九九〇年六五兆円、二〇〇〇年八二兆円から二〇〇七年に九九兆円に増えたのち減少し、二〇一三年に八三兆円と、二〇〇〇年レベルに戻っている。株式配当はこの間激増して二〇一三年に二四兆円となった。賃金を一〇〇とした比率でみると、企業利益は一九八五年の三六から二〇〇七年には四六にまで上がり、直近で四〇になっており、長期的には上昇傾向にある。株式配当の上昇はそれ以上に顕著で、賃金一〇〇に対して三程度だったものが、直近では一二ほどまで上がった。労働への分配が減少し、資本への分配が増加したことが確認される。ちなみに、賃金総額は二〇〇兆円前後であるから、近年問題になっている賃上げに関連して、一%の賃上げは二兆円ほどにあたる。記憶しておきたい。

なお関連事項として、近年、著しく膨張した内部留保を取り崩して賃金（あるいは投資）に回せという主張がある。これは、主張したい内容と気持ちは理解できるが、理論的には誤っている。混乱を生むので整理しておく。ここで言われている内部留保はストックの概念で、定義には広狭いくつかあるが、財務省・法人企業統計では、バランスシートの負債・資本側の利益剰余金を指す。言葉としては、余裕資金を現金などの形で積み立ててあるというイメージであるが、資本金が金庫にしまってあるのではないのと同様、負債側の項目は資金をどこから調達し誰に属すかを区分する概念であるのみで、現物で存在するわけではない。負債側の項目を「取り崩す」ことはできない。どう使われて現在何になっているかは資産側に書かれるのであり、設備になっているかもしれない。積み立てた資金というイメージに近いのは現金・預金をはじめ流動的な資産であるが、言うまでもなく、それもすべて取り崩してしまうことはできない。これとは異なり、内部留保には、年々の付加価値のうち分配しない分というフローの概念がある。年々賃金に回さずに過大に留保利潤としたことが問題なのであって（ストックはその結果である）、先の主張は、このフローの次元で毎年より多くを賃金に回せ（分配せよ）というのが正しい。

バブルの基盤およびファンド資本主義

世界的な企業部門の余剰資金の多くはファンドに組成された。高所得者に対する減税によって富裕層の富も膨張し、その資金もファンドに加わった。ここでのファンドは、ヘッジファンド、プライベートエクイティファンド等だけでなく、各種信託・投資信託商品、銀行・証券会社・投資顧問など各種金融機関が扱うものも含み、要するにプロが運用する委託資金プールを総称している。卓越した運用力からニューヨークのウォール街が世界中の資金を集めて拠点となっており、欧州マネーや中東オイルマネーなどはロンドン・シティを拠点とする（シティ経由でウォール街に集まるものもある）。

こうして形成されたファンド資金は、第一に、続発する投機・バブルの基盤となっている。一九八〇年代後半の日本や北欧諸国のバブル、一九九〇年代の東アジアへの資金流入によるバブルとその崩壊に伴う流出による一九九七年の通貨・金融危機、翌年のロシア危機、二〇〇〇年までのITバブルと二〇〇一年の崩壊、同年のアルゼンチン危機、二〇〇〇年代前半のアメリカおよび一部欧州諸国における不動産バブルと連続したのち、それが二〇〇六年をピークに崩壊すると、原油をはじめとするコモディティ（国際市況商品）取引に流入して高騰を引き起こし、二〇〇八年七月にピークアウトして九月のリーマン・ショックに至る。

第二に、ファンド資金は各国上場企業の上位株主となり、影響力を行使している。日本では、かつ

図４－２　株式保有比率の推移（金額ベース、％）

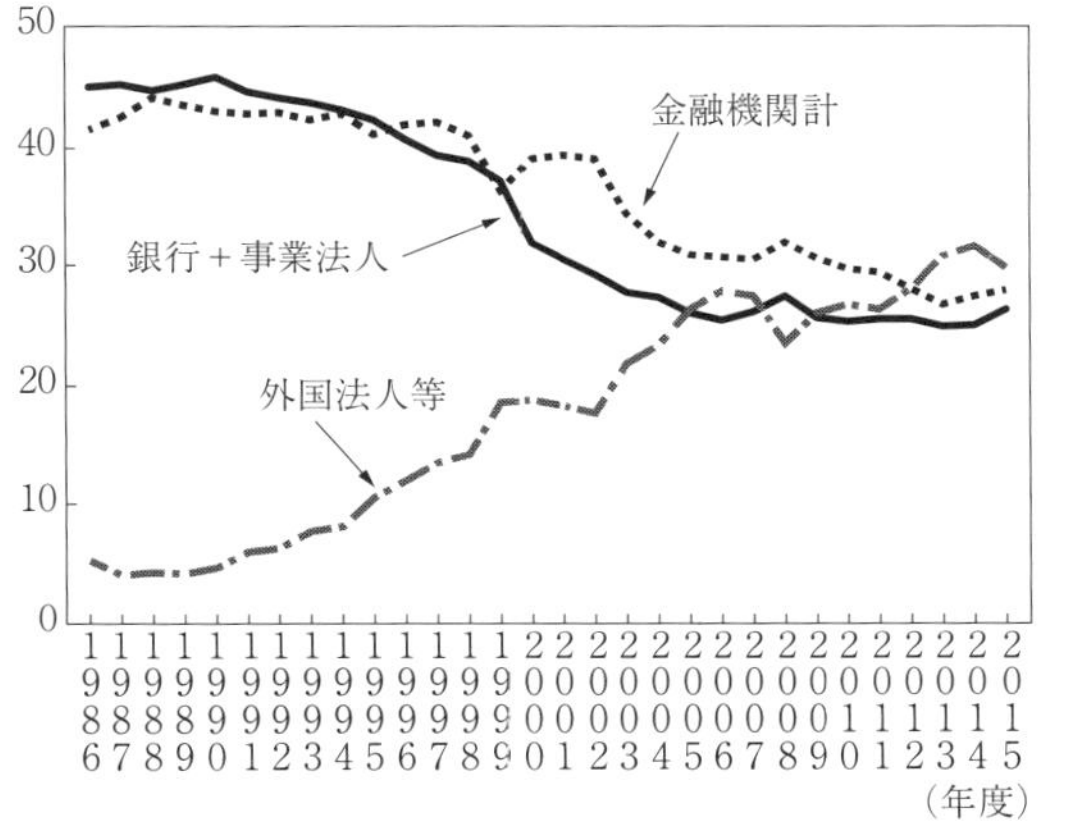

出所：http://www.jpx.co.jp/markets/statistics-equities/examination/01.html

て奥村宏氏らにより「法人資本主義」として描き出されたグループ内株式相互持合いを特徴とする所有構造にあったが、バブル崩壊後の株価崩落のもとで、グループの中核であったメインバンクをはじめ、保有株式を大量に手放す動きが起こった。代わって保有比率を急速に高めたのは「外国法人等」である。[3] 図４－２によれば、持合い部分を含んでいる「銀行＋事業法人」の比率は、バブル崩壊前の四〇％超から最近の二〇％台にまで大幅に減少した。このうち特に銀行は、一九九〇年の一六％から直近の三％弱までの減少である。金融機関計も「銀行＋事業法人」とほぼ重なる急減を示し、直近の内訳は銀行三％弱、信託銀行一五％（うち投資信託の運用分三％）、生命保険もかつての

3　以下は東京証券取引所「株式分布調査」http://www.tse.or.jp/market/data/examination/distribute/index.html）による。

表4-2　株式保有金額・上位40位まで（2016年７月現在）

1	日本トラスティサービス信託銀行	29.6兆円
2	日本マスタートラスト信託銀行	24.2兆円
3	日本生命保険	7.3兆円
4	日本電信電話	7.0兆円
5	ステートストリートバンク アンド トラスト カンパニー	6.2兆円
6	財務大臣	6.0兆円
7	トヨタ自動車	5.1兆円
8	STATESTREET BANK AND TRUST COMPANY	4.9兆円
9	三菱東京UFJ銀行	3.5兆円
10	みずほ銀行	3.1兆円
11	明治安田生命保険	2.9兆円
12	三井住友銀行	2.9兆円
13	豊田自動織機	2.6兆円
14	ルノーエスエイ	2.5兆円
15	ジェーピーモルガンチェース	2.5兆円
16	THE BANK OF NEWYORKMELLON SANV	2.1兆円
17	第一生命保険	2.1兆円
18	JPMORGANCHASEBANK	2.0兆円
19	日立製作所	1.9兆円
20	孫正義	1.7兆円
21	STATESTREETBANK WEST CLIENTTREATY	1.3兆円
22	三菱商事	1.3兆円
23	ソフトバンク	1.2兆円
24	三井住友海上火災保険	1.2兆円
25	産業革新機構	1.1兆円
26	東京海上日動火災保険	1.1兆円
27	資産管理サービス信託銀行	1.1兆円
28	Yahoo! Ink	1.0兆円
29	ザ バンクオブニューヨークメロンエスエーエヌブイ	1.0兆円
30	ソニー	1.0兆円
31	デンソー	1.0兆円
32	伊藤忠商事	1.0兆円
33	サントリーホールディングス	1.0兆円
34	イオン	1.0兆円
35	原子力損害賠償廃炉等支援機構	0.9兆円
36	損害保険ジャパン日本興亜	0.9兆円
37	ザ バンクオブニューヨークメロンアズデポジタリーバンクフォーデポジタリーレシートホルダーズ	0.9兆円
38	ステートストリートバンクウェストクライアントトリーティー	0.8兆円
39	新日鐵住金	0.7兆円
40	野村信託銀行	0.7兆円

出所：Ullet大株主ランキング（http://www.ullet.com/stock/search.html）

一〇%が三%となっている。旧持合い構造は、なくなってはいないが、大幅に縮小・後退した（最近は下げ止まっている）。個人は二〇%台でさほどの変化がない。これらに対して外国法人等は、五%程度から三〇%まで急激に比重を上げた。なお売買額では外資勢はときに六割以上も占めて、市場動向を左右するようになっている。

日本の主要企業の大口（上位）株主のリストには、かつては相互持合い関係にあるグループ各社が並んでいるものが多かったが、現在では大きく変わった。[4] それらを集計したULLETの大株主ランキング[5]によってみると表4－2の通りである。一位の日本トラスティサービス、二位の日本マスタートラスト、二七位の資産管理サービス信託銀行は、順に三井住友系、三菱UFJ系、みずほ系で、カストディアンと呼ばれる。大株主から株式運用の実務の委託を受ける管理サービス（カストディ）専門業者で、いずれも二〇〇〇年前後に設立された。旧六大企業集団――三井、三菱、住友、芙蓉（旧安田）、第一勧銀、三和――をはじめとする持合い分などは多くここに含まれているはずであるが、先にみた通り、その全体のウェイトは大幅に減っている。個人株主では孫正義氏（ソフトバンク）が

4 各社の有価証券報告書（現在は金融庁のEDINETで見られる）、簡易には『会社四季報』『日経会社情報』、集計したものは東洋経済『大株主総覧』など。以下は筆者のゼミ生の卒業論文（清水洋子「外国人投資家と企業経営の関係」二〇一四年）がよく調べており、教示を受けた。

5 http://ullet.com/stock/search.html

入っている。そのほかには、ステートストリート関連ファンドが五位・八位・二一位・三八位に、ＪＰモルガンチェースが一五位、ニューヨークメロン銀行関連ファンドが二九位・三七位にあるほか、外資系機関投資家（金融機関・ファンド）が目立つようになっている。これらが三〇％を占めるのである。

カストディアンは委託を受けた名義上の株主にすぎないので、委託した真の株主も知りたいところであるが、完全には難しい。さしあたり参考情報として、五％以上保有の大株主に報告を義務づけているルールによる「大量保有報告書」にもとづき、大株主になっている企業（銘柄）数が多い投資家リストをみると[6]、表４－２とやや異なるが、ここでも外資系金融機関・ファンドが少なからず顔を出している。

競争の時間的視野の短期化

このような株式所有構造の変化は、かつての「法人資本主義」からいわば「ファンド＝株主資本主義」に移行させたといってよい。法人資本主義は、中小企業では個人オーナー企業が中心であるが、持合い型の大企業ではどこまで辿っても「（個人）資本家」は出てこないという事実認識であり、「経営者支配」論の系列に属していた。これに対して現在は、所有者が企業の主体として復活したことになる。ただし中心は個人でなくファンド、したがって集団としての資本所有者である。

かつての持合い法人株主はサイレントであり、経営悪化時にメインバンクが介入するケースを除けば、経営者は、企業内――自分を指名してくれた先輩経営者、自分を取り囲む経営陣の集団、そして部下へと続くライン――のバランスが保たれている限り、どこからも掣肘を受けずフリーハンドであった。現在は株主に強く制約される。一九九三年商法改正以後増加した株主代表訴訟の圧力のほか、通常時においても株主の制約は強くなった。圧力にはExitとVoiceの二種類があるとされる。Exit（退出）は、株主が経営に不満なとき市場で株式を売却する（それはアタック＝売り浴びせを呼び、経営者不信任となる）ことであり、Voice（発言）は文字通り要求を突き付ける行動（株主総会での議案反対等を含む）であるが、どちらの圧力もかつてと比べてきわめて強くなった。

ファンドを中心とする株主はすべてきわめて短期的な株主利益最大化を求める、というのは過度なステレオタイプ化であって、ファンドにも行動様式・要求内容に差異があるようである。[7] たとえば富豪などの大口資金を運用するプライベートエクイティファンドやヘッジファンドはよりアグレッシブであろうし、年金ファンドなどはよりリスク回避的で長期指向であろうことは理解できる。

とはいえ、ファンドは委託資金の有効な運用が任務なのであり、みずからが資金委託者の圧力を受ける点において共通である。したがってどのタイプも、負担するリスクとのセットのフロンティア上

6　http://www.kabupro.jp
7　経営者インタビューでもそうした認識が聞かれる。また、個人で非常勤である外部取締役よりも、経営を常時専門的にモニターするファンド株主の方が有意義な意見を寄せてくれるとの声もある。

で最高の収益率を追求することが絶対命題となる。少なくとも、取引関係など運用収益以外の要因も考慮する「政策投資」である持合い法人株主に対比して、収益率にシビアであることは間違いないであろう。この点は自己資金を投資するエンジェルなどとは異なる。そして、いかに長期指向のファンドといえども、運用成果の報告には期限があるので、タイムホライズン（時間的視野）は持合いに比べて短い。さらに連結決算や時価会計の導入を経て、日本の会計制度においてウィンドウドレッシング（粉飾）の余地が減少したことは確実であるから、企業の実績はより直接に把握されるようになった。これらのことを考え合わせると、日本企業の経営に、より短期的視野での実績を示す競争に向かわせる圧力がかかるようになった、それを無視し難くなったということになる。

このようなファンド等株主によるより強い収益性要求という圧力を受けると、企業経営はどういった行動をとるであろうか。短期に実績を上げることに専念すると、Ｖ字回復をめざしてドラスティックな事業スクラップを敢行したり、設備投資よりもＭ＆Ａを選好するなどがありうる。小池和男（二〇一五）が懸念するように、長期をかけてのみ成果が上がるタイプの（研究開発や人材育成を含む広義の）投資を避け、目先の実績を追うことで、長期的な効率性が犠牲になるケースが含まれてくる。そう考えると、短期実績指向はドラスティックな行動をもたらす場合だけでなく、消極的にさせる場合もありうることになる。

以上のように、労働分配率の低下、企業部門の資金余剰、ファンドの膨張、投機続発の基盤形成とファンド株主の圧力の強まりという連鎖が、近年の日本企業の行動の背景となっている。

2　非効率となる効率化

横並び競争

企業を含む日本の組織の方針決定は一つの超現実主義であるといえる。当面起きる確率が最も高いと思われるケースに集中し、現状を出発点として実施可能かつ有効な手段・対応を徹底的に精緻化して練り上げようとする思考癖が強いことをすでに指摘し、当面可能性思考と呼んでおいた[8]。方針が決まれば、いかにも日本的に、決められた通り、几帳面に実行していく。この後段の精緻化の悪い帰結

8　この傾向から外れる現象が起きるのは、セクショナリズム——全体に対する個、つまり個人ないし部署の保身の優先——が暴走する場合、またこれと重なる部分もあるが、現場から離れた観念的思考が支配する場面で建前論が暴走する場合であろう。

の例が「ガラパゴス化」であった。

当面可能性思考は、その限りで通常は効率的であり現実的でもあるが、「考えたくないことは考えない」「見たくないものは見ない」――そうでないと非効率である――態度にもなる。それは既述のように、確率が高いと想定した基本的な条件が変わってしまった場合への対応、すなわちcontingency plan（危機管理案）の用意がなく、「想定外」という言葉が繰り返される現象をもたらす。また、微細な点まで一度練り上げたシナリオは、土台からの戦略の見直しをしにくくさせる。根本的な見直しは、前任者たちからこんにちまでの流れを否定・批判することになり、それは可能でないと判断されることが多い。そうした組織体質は視野を狭くさせる。

自己資本の毀損が進み、経営危機に直面した二〇〇〇年前後には、旧財閥系を含む都市銀行のメガ合併や流通大手の再編が集中した。客観的な条件がそこまで深刻になると、通常時には考えられない根本的な見直しも有無を言わさず強制される。この際にも、ひとたび再編が決まると、いつもの特性が復活して、細部に至るまでの実務的対応が勤勉に進められたし、大幅再編そのものも横並びであった。これも、戦争直後の壊滅的な損失の打撃から再生を図った企業・金融機関再建整備措置の複雑・詳細な実務が、一糸乱れず横並びで遂行されたことを思い起こさせる。これも一つの社会的能力であろう。

絞られた現実的な「部分」の中で最善を尽くす、いわば「部分ベスト」の追求は、結果として、縮小する市場を争う、内向きの、横並び競争になった。それは当面可能性思考の強い現実主義とつながっている。つまり、よく言われるような慣習的継続や先送りによるのではなく、一つの自己利益最大化計算による選択であると考えられる。とりあえず（「当面可能」な選択として）どの一つの局地戦においてもライバルに敗北することを避けようとする戦略である。日本の組織は小さな部局の連合体であることが多く、一部を切り捨てることは、よほどの危機時以外には難しい。すべての戦線で対抗することは、横並びとなる。他と違う戦略をとることは根本的な戦略見直しを要し、それはハードルが高い。近年の短期競争圧力も、現在の日本では、根本的見直し＝独自戦略のリスクを避け、確実な実績をめざす横並びを強化する方向に働いている場合があると思われる。

他と違う戦略をとることは棲み分けを意味し、それは一分野における独占的利益をもたらす。独自戦略にもとづく棲み分けによるこの独占的利益と比べて、横並び競争戦略をとると、全線戦で価格低下、低収益という共倒れとなる。アメリカの金融機関が、投資銀行業務に特化するもの、フィービジネス（手数料業務）に集中するもの、クレジットカード業務に注力するもの、メガ地方銀行となるもの、一地域に根を張るコミュニティバンクで徹底するものというように、業務構成も利益構成も差が大きいのに対して、日本では限られた融資先をめぐって各銀行が横並びで競争し、貸出金利の値崩れを起こしていることが想起される。そして収益性は米国で高く日本が低いと問題にされ続けているのである。[9]

根本的な見直し＝独自戦略を欠いて横並び競争を続けると、基本的に同一マーケットにおける同一製品（またはサービス：以下同じ）で、わずかな品質・機能の優位性によって売上収入を伸ばすこと、または低価格競争に参加するために費用をライバル以上に削減することが、利潤競争の手段になる。このうち売上収入増加の手段である品質・機能の向上は、その一部が「ガラパゴス化」と呼ばれる現象に結果した。横並びは独自なニーズ・マーケット把握の弱さでもあり、ニーズから離れて技術それ自体の追求に走った結果と理解されよう。もちろん技術の追求が悪いわけではまったくなく、問題は独自なニーズ・マーケット把握の不足である。

残る手段――しかも短期に実績を出すための現実的なもの――はコスト削減競争、特にまず人件費削減になる。これにはいくつかの要因が重なっていると思われる。かつての高成長時と異なりマーケットの拡大が緩やかで、大量生産による規模の経済は大きく働かない。コンピュータ関連に代表されるように、技術革新はコストの画期的な低下になるよりも品質・機能の向上の面に向いたものが多い。技術革新による画期的なコスト削減になりにくい非製造業のウェイトが高くなっている。これらが全要素生産性ＴＦＰ上昇率の低位に表われている。他方で、安価で解雇が容易な非正規雇用の利用の拡大、さらに正規雇用の賃金引き下げ、人員削減、そのもとでの長時間労働への抵抗が、労働組合の力量低下などによって弱まったことから、少なくともライバルに劣らない人件費の削減が重要な対象となった。

人件費削減からの悪循環

人件費削減への集中を強調したのには根拠となる事実がある。まず、日本の労働生産性は先進諸国内で低い。国際競争が直接に働く貿易財製造業でよりも、非貿易部門であるサービス業ないし事務（ホワイトカラー）部門で特に低いことも知られている。働き方のシステムを根底から組み換えることで画期的に効率化できた事例が、最近少なからず報告されており、それは大幅な効率化の余地が残されていること、すなわち日本の働き方のシステム、組み方はまだ非効率であることを示している。

働き方のシステムを根底から見直すのでなく、直接的なコストダウン手段がとられた。一方では正規雇用を削減し、残存の人員が長時間労働を余儀なくされた。賃金不払いの違法行為である「サービス残業」が蔓延した。日本企業の多くは労働違法行為に依存した経営体制にあるといわざるをえないことになる。繰り返すが、経済学における本来の効率性とは、より少ない生産要素の投入（input）でニーズの大きい財・サービスをより多く産出（output）することである。現状は、違法行為も含めて安価にした労働を湯水のように投入しているのであるから、非効率なのである。他方では非正規雇用依存が強まった。

9　もっとも、日本では「オーバーバンキング」としてこれが問題視されるが、経済学的には、オーバー（過剰）というのは何に対してなのかが明らかでなく、また貸出金利が低く銀行利潤が小さいことが銀行の立場から問題とされるが、借入側にとっては厚生が高いのであって、社会的厚生でみて何が問題なのかも必ずしも明らかでない。

「効率化」は、本来はより合理的な生産方法を組むことで投入（いいかえれば負担、犠牲）を節約することであり、管理業務の任務であるが、近年の日本では〝コストを削減すればよい〟という意味とされ、本来の管理の任務は放棄されて、もっぱら〝前線の敢闘〟という非効率に依存したのである。「効率化」を通じて非効率に至ったといえる。前線敢闘への依存はさまざまな無理を生んでいる。長時間労働によるメンタル疾患、過労死。共働きがしにくい条件がもたらす女性労働力率の抑制。ワーキングプア層の極端に低い婚姻率からの少子化。これらがマクロの悪条件となって企業・産業へ負の方向にフィードバックする悪循環が生じた。

人件費コスト切り下げ運動が、合成の誤謬のメカニズムを通じて、マクロの需要縮小という共倒れをもたらしたことも前章でみた。利潤競争が外延的な（売上収入の）拡大よりも内向的な（コストの）縮小に向かうことで、所得の縮小→需要の縮小→停滞という流れだけでなく、企業の支出性向の低下が資金（貯蓄）過剰を生み、それがファンドの膨張、ファンド株主による人件費削減圧力となって出発点にフィードバックする悪循環の構造もつくられた。

ここまでみてきたことによれば、企業行動の変わるべき方向は、まず横並びから離脱し、それぞれが違う方向へ進もうとすること、他との差異化を図ることである。[10] 縮小する市場をめぐる内向き・横並びの競争は、緩慢な後退に至るほかない。

それはニーズの在りどころをリアルに把握し、ターゲットとするマーケットを独自に定めることから始まる。狙うターゲットによって、腰を据えた海外市場狙いも、徹底的な内需深耕もありうる。それぞれのうちにも、いくつものバリエーションがある。海外市場を狙うにしても輸出型と現地進出型があり、ターゲットとする地域も、生産拠点の地域選択や拠点間のネットワーク構築も、多様な選択肢がある。海外と国内を分けずに特定の財（中間財を含む）のマーケットを押さえるインテルやＹＫＫのような型もありうる。内需深耕においても、少子高齢化のトレンドのもとで世帯や地域の特性の違いが拡大しているため、ニーズも分化し、それに応じて狙いを明確にしなければならない。若年単身世帯、中年単身世帯、老年単身世帯、老年夫婦のみ世帯、伝統的な複数世代家族などでは、たとえば食品の販売単位や加工度についてのニーズだけでも、別々の財といってもよいほどに大きく異なってきており、それらを把握し対応するのでなければ供給とはいえない。この面では、高度成長期の平均化、マス供給化の傾向とは逆になっている。これまでの成功例から抽出して正しい戦略はこれであるというタイプの主張が各種みられるが、正しい戦略は何か（それは真似して横並びすることにつながる）ではなく、独自の分析にもとづく独自の戦略、その結果の分散が重要なのである。

選択肢はこうして多様でありうるが、それらに共通して必要なのは、従来のあり方を根本的に見直してみることである。いま戦略について述べたが、戦略のもとでの経営管理の分野では、根本的見直しは主に仕事の組み方に関して行われるべきであろう。不合理を放置したまま前線の敢闘に頼っている現状が多いのであるから、仕事の組み方の不合理な点を洗い出し、より合理的な体制への組み換え

10　この点について詳しくは伊藤（二〇一二）で論じた。

をゼロベースから検討する必要がある。その際、「残業なしで生産性向上を図る」ことを目標とした見直しが一つの基準になる。個々の職場単位から全社的な業務体制までの見直しが含まれる。不合理を含んだまま前線に無理を強いている体制を、これまでの〝常識〟から離れて大胆に見直すには、これくらい根源的な目標が必要なのであり、また実際に前掲・鈴木（二〇一五）をはじめとしていくつかの成功例が報告されている。

付言すると、労働基準監督行政を集中的に強化し、サービス残業を徹底的に取り締まることで、日本経済にとってきわめて好ましい効果が期待できる。不払いであった残業代が支払われると、課題である賃金増加、家計所得増加となる。企業にとってはコスト増になり、本来の効率化に向けた業務の見直しが迫られる。

3　組織体質

内輪の論理

これまで日本の組織を考える際、第二次大戦時の軍部の特性との共通性または近似を何度か指摘した。安易にこの説明に頼ることには注意が必要であるが、こうした側面があるのは否定できない。日本の組織でも、オーナー型の行動特性はかなり大きく異なる。[11] 中小企業の多くはそうであり、大企業でも歴史が若く創業世代（あるいは「中興の祖」）が指揮を執っている期間にはそうである。したがってここで主に問題にするのは、創業期から世代が改まるだけの歴史を経た大組織における官僚制的

11　それゆえに、創業者あるいは「中興の祖」の末期において、形成された文化の異なる官僚制トップとの間で軋轢が生ずる例をしばしば目にするのであろう。

(bureaucratic）性質である。大戦時の軍部は、明治の創業から数十年を経て、そうした官僚制組織になっていた。戦後の企業では、いったんはパージ等によって上部が追放され、系譜が断ち切られて大幅に若返るリセットがあったが、その後再び系譜が重ねられていわば官僚的性質が熟すと、同様の仕組みが働いて共通性を現わすようになったと考えられる。

このことが示すように、日本の組織の特性は、上下（先輩・後輩）関係が一定期間継承されて権力の〝系譜〟ができあがった構造と強く関係している。それは、戦時の軍部ないし指導層に関して丸山眞男が戦後初期に分析した結論（既述）に近くなる。すなわち、日本の熟した官僚制組織では、権限は絶対的に規定されておらず、前任者たちからの系譜の上での上下関係、また同等の組織の同等のポジションと均衡を図る関係、これら垂直・水平の「関係」のバランスのなかで相対的に規定されている。トップのみならず各職階について明確な職務規定（job description）がなく、日本では、規定の文言は、ある場合には過度なほど厳密に拘束されるが、他の場合にはほとんど意識されずに裁量的に処理されるのである[12]。バランスが保たれている限りでの権限であり、バランスが崩れたときに権限は失われる。権限が絶対的に規定されていれば、それと対をなす責任も個人としてすべて負うのが当然であるが、相対的な権限なので責任もバランス構造内で分有する意識となり、曖昧化する[13]。個性にもよるとはいえ、自分の責任は着任時の状況や周囲との牽制関係によって制約された限定的なものであったという弁明になりやすい。これが丸山のいう「無責任の体系」である。この性質は明らかに現在も見られる。

権限が相対的でバランスの上に乗ったものであるため、現状の見直しは、ゼロベースの根本的なものではなく、現実的で個別具体的なものである方が通りやすい。従来の方向を転換する内容の場合は、現トップである自分を指名してくれた文脈・バランスへの批判になるので、かなり抵抗が強い。

このことが、効率性と現実性に重点があって抜本的な見直しがなされにくく、ゆえに横並びにもなりがちで、ひいては共倒れと縮小均衡に陥っている現状の根強い背景になっている。

この点を改革するために、まず、会長、相談役、特別顧問などの名目でトップOBを社内に残す慣習は廃した方がよい。日本の組織は老害を生じやすい。OBが業界団体活動や社会貢献など外部での活動を担当することはよいが、それ専担にすべきであり、社内に影響力を持つべきではない。系譜を切断し、トップは裸で権限と責任を絶対的に規定される内実をつくる。現に戦後、〝大物〟経営者パージの後は心配されたが、大幅に若返った〝軽量〟トップは拡大環境にアグレッシブに挑戦し、日本企業の経営には活力があった。

12　その区別は、理屈をつけようと思えばできるが、大体はどちらが自分（たち）にとって有利か、便利かによってなされる。

13　ここでの絶対・相対は絶対評価・相対評価というときの意味に近い。

ガバナンス改革

日本企業の組織体質が問題を抱えているという認識は広く共有されたため、経営層に対する「ガバナンス改革」と、従業員に対する「成果主義」が主張されるようになった。ここでもアメリカ式を導入することが当然視され、前者では社外取締役制が切り札とされた。社外取締役制のもとで大きな変化となる決定が行われたことも、本（二〇一六）年のセブン&アイでの例のように、存在する。[14] しかし一般論としては、社外取締役の有効性は、人選と、それを取り巻く仕組みの機能ぶりに依存する。

アメリカ型の取締役会に近いにせよ、監査役会と訳されているドイツ型（Aufsichtrat）に近いにせよ、執行役員トップ層を、より基本的な経営方針を検討する機構がチェックしなければならない、という観念が近年広まったことは望ましい。ＰＤＣＡサイクル[15]が必要だとすれば、十分に自律的・客観的で権威のある監査が、トップも対象にして事後チェックすることは欠かせない。高度成長期のモデルでは、メインバンクやグループ企業、トップＯＢが問題視するようになるなど、権力基盤を構成するバランスが崩れて介入が始まる場合以外（＝平常時）には、トップはどこからもチェックされることがなかった。

認識が広まったのはよいが、その有効な方法が確定しているわけではなく、とりあえず社外取締役制が決め手だといわれているにすぎない。筆者は（望んだのではないが）二〇〇六年の国立大学法人化以降、経営（大学では行政と呼ぶが）に関与し、実験的な意味を含んだガバナンスの制度も実体験することになった。この経験を判断材料に用いて、以下考察したい。

まず、実効力のある監査は不可欠である。外部の視点によるチェックが必要であって、その重要な位置に外部出身の実力ある人材を置くことが有効性を高める。一方、アメリカ的な取締役会を意識したものとして経営協議会という機構が設置され、各界から外部委員が入って、経営方針の検討と承認、トップ（学長）の選任を行っている。この機構は一定の面できわめて有効なチェック機能を果たしている。内部ではあらためて問題にしにくい基本的問題が取り上げられ、説明と納得が必要とされるからである。内部で問題にされにくいのは、慣習で常識化していて気が付かないケースも、諸般の内部事情で言い出しにくいケースもある。この点からは、外部委員は多様な出身であるのがよい。しかし限界もある。常勤と非常勤とでは得られる情報の量と質に決定的な差があり、常勤でない外部委員には、チェックはできるが、独自の判断と決定をするには情報が足りない。たとえばトップを選ぶのは、人物、公約・争点の組織内における真実の意味を十分把握することを要し、よほど明確に選択できる場合でなければ不可能に近い。

外部取締役の制度を置くことは決定打にはならず、それが機能するための条件が整えられなくては

14　提案した人事案件の否決から、長期にわたってトップにあった鈴木敏文会長の辞任となった。

15　Plan（計画）→Do（実行）→Check（評価）→Act（改善）のサイクル。

ならない。十分な情報の開示が前提となる。それでも非常勤の場合、情報が足りないため、チェック機能が中心になる。決定機能を期待するとすれば、期待すべきは、豊富な情報にもとづく判断よりも、独立した価値基準による判断と意思決定力である。この点から人物（選定）に強く依存する。取締役会であれ監査役会であれ、強力な権限をもつ機構が設置され、常勤の（または独立した常勤スタッフ組織を基盤とする）外部出身構成員が機能しなければならない。

最後に、いかなる観点からの外部チェックが必要かという点であるが、出発点に立ち返れば、ノーチェックの経営トップが陥りうる誤り——すなわち独善、無反省、暴走、保身、隠蔽、必要な方向転換の欠如、マンネリ化、内部権力闘争による偏向——の継続を避けることである。

近年、アメリカ流では取締役は株主利益の代理人であり、ガバナンス改革もこの基本線に沿うとの位置づけが不問のベースになってきたことに注意を要する。もちろん、株主総会の実質化や株主代表訴訟のプレッシャーその他によって、株主の利益と意思が正当に反映することは改善である。しかし一方、大株主としてファンドの存在が急激に増大している事実を想起しなければならない。[16] ファンドにも異なる性格のものが存在し、長期の視野で投資先の「事業」の成長を利益として発言もアドバイスもするものから、事業には関心がなく（事業の破壊も辞さず）短期の「売買益」をもっぱら追求するものまでの幅がある。とはいえ、ファンドは出資者に監視される存在であり、短期の成果監視ほど市場効率性に沿うとの思潮が強いもとでは、短期利益追求、近視眼的（short-sighted）偏向に陥ることから自由でいることは期待できない。そしてそのようなファンドは事業に関する情報にも疎いはずである。

そうであれば、株主利益に立ったガバナンス改革という想定は、前掲・小池（二〇一五）のいう短期競争偏重、長期競争軽視に導く危険を含む。同書はまた、ドイツ共同決定法型の従業員（労働者）集団参加による経営チェック方式を考慮すべきとも述べているが、制度の形態はともあれ、その趣旨には根拠が認められる。必要なのは、事業の長期的成長を目的とし、十分な情報を持つことであるが、日本の条件では従業員（労働者）集団がそれに最も該当するからである。現にかつては、労働組合のチェック圧力があるために経営提案の説得力を練り上げるというプロセスが一定程度働いていた事実もある。この点でも、日本では従業員（労働者）集団＝労働組合の力量を再浮上させることが重要ということになる。

16　宮島英昭「機関投資家の役割重要に」（『日本経済新聞』二〇一六年五月三〇日「経済教室」）は、上場企業の中でも、株式時価総額で見た大規模企業ほど海外投資家および機関投資家の持株比率が高く、小規模企業はその逆であるという明確で大幅な差があること、内外機関投資家の存在が大きいほどExitとVoice双方を通じた意見表明が強く、またガバナンス改革を強く求めること、を報告している。また、生保やメインバンクなどの長期保有株主がモニタリングを積極化する必要性を周到に指摘している。

成果主義

従業員に対しては「成果主義」改革が主張された。これをめぐってはすでに、評価項目だけを上げようとする行動を誘発する、評価基準・評価者への不満が高まる、チームワークを破壊する、つまりは士気と効率の低下を招くという失敗例が報告されてきた。既存の仕組みのどこに問題があり、どう変えるのが改善になるかという必須の分析を欠くならば、失敗は当然であって、人件費の削減を目的にする場合はそうなる可能性が大きい。

「成果主義」の問題点が成果の測り方にあることは容易にわかる。客観的で納得できる基準である必要があるが、それが適合するケースとそうでないケースがある。独立した同種の作業で生産個数や量が明確な場合、セールスなど金額が明確な場合においては「成果」が客観的に表わされる。しかし事務系の仕事の多く、共同作業として行う仕事などでは「成果」は測りにくい。そしてこうした職種が多くなっている。それらをすべて「成果主義」にしようとすると、評価者の主観を多く入れざるをえず、客観性が保証されない。そして失敗に結果することになる。

これも経験から述べると、筆者の所属する国立大学法人では「教員活動評価」を導入し、賃金にも反映させている。[17] 筆者はこの制度の導入期に評価の方法の規定および実施に関わった。大学教員の評価は当然ながら難しいが、可能な限り客観的な指標を用いるのでなければ、独立的で論客が揃った組織は収拾がつかなくなるであろう。以下のような仕組みとした。――大学教員の業務を、①研究、②教育、③大学運営への寄与、④社会貢献、に区分する。さらに①は研究業績（過去一定期間）をポイント評価、②は授業負担数、および各種指導の数などの質的側面をポイント評価、③④も各種業務のポイント評価とし、可能な限り数量化するポイント制を追求した。質の面を十分に評価することは当然できない（数量化可能な範囲では取り入れている）が、それ以上は相当の主観が入るため、諦める。これらポイント合計で評価し、内示、苦情申し立て、個別懇談ののち、確定する。結果は賃金（昇給）に反映する。学生による授業評価の結果数値は右に採用しない（採用する大学・部局もある）が、結果にもとづき個別懇談をもち教育改善の要請、指導を行う。個別懇談は研究についても行う。――以上のように、なるべく数量化したが、これは客観性、公正性を追求するためである。評価を通じて個々人の改善、全体としての改善の契機とならなければいけない。そのためには絶対評価でなければならず、相対評価は採るべきでない。客観性・公正性を説明しない（できない）ならば、評価を実施する資格はない。この仕組みでは極力公正性を追求したものの、問題がないという保証はない。たとえば各業務分野・項目のウェイト配分には大いに議論の余地がある。

人間――の能力や貢献――を評価するという重大かつ困難な試みを行うのであるから、右のような

17　これらについては大学法人、また部局によってひじょうに異なる。大学・部局トップの人物・個性にも大きく依存していると思われる。

考慮は最低限度であって、安易な実施は当然に失敗を結果する。

前線敢闘依存経営

近年、日本企業では、本来の管理業務の放棄が許され、責任は現場に転嫁されて、軍隊に例えれば、前線（兵士）の敢闘に依存している。重大なのは、前線敢闘依存自体が問題を生んでいるだけでなく、司令部の無策ないし誤った作戦が正されないこと、それが許されていることでもある。旅順（二〇三高地）、ノモンハン、ガダルカナル、インパールの各作戦で起きた事態、すなわち司令部の誤りと前線兵士の敢闘が再現しているといえる。結果は同じく死屍累々であり、それが社会を追い込んでいる。

右が甚だしい程度に至ったものは「ブラック企業」と呼ばれているが、ブラック職場、ブラック上司ならいたるところにある。経営者・管理者に必須である労働法の基本的な知識さえ欠く場合が横行しており、社会全体も同じようであって、「サービス残業」は賃金不払いであり、違法なのだとあらためて言わなければならない実態にある。長時間労働に依存して、部署によっては極限を超える人員削減が行われた。一人が休むと業務が回らない状態は人員不足であり、日本の現状ではこの場合、有給休暇は取れず、同制度がないに等しくなる。有給休暇を取るには特別な理由が必要だと誤解している経営者・管理者も少なくない。日本の企業社会は労働違法状態依存に陥っている。

前線の敢闘に依存することは、経営・管理業務の放棄である。それは社会の活力を奪うとともに、経営戦略・管理体制の問題点の見直しの機会を奪うことによっても、害になる。[18]

18　現在の経営者や管理者は、これまでのキャリアで〝敢闘〟してきたに違いない。現在でも多くの日本人は、方向が与えられれば、勤勉で、責任感が強く、組織性が高い。そのため、強いれば前線敢闘してしまう。しかし経営者・管理者になったからには、自分がしてきたような敢闘を求めてはならない。それは組織・システムの問題点を覆い隠してしまう。経営者・管理者がすべきなのは、敢闘依存をなくし、それなしで効率を向上させる見直しを牽引することである。

４　「非正規」・「ブラック」・職場の危機

復活した身分制

人件費コストの引き下げは、まずいわゆる非正規雇用の増加によって行われ、今では全体の四割に達することを誰でも知っている。その広がりを前提にして、最近では地方自治体などの正規職員でも、ある時点以降採用の賃金水準を以前のものより大幅に引き下げ、同一職場に採用時点により上下に離れた二本の賃金カーブが存在するようになっている例も報告されている。こうしたかたちで正規労働者の賃金引き下げにも波及している。

ところで、そもそも非正規雇用とは何なのだろうか。

政府統計では、正規労働者がregular worker、非正規労働者がirregular workerと英語表記されているが、これは単純な直訳にすぎず、意味も実態も不明であろう。typical／atypical（典型／非典型）

という対比表現もあるが、これも内容を表わすものではまったくなく、やはり意味も実態も伝わらない。国際的に意味が伝わるためには、非正規はtentative workerとでも表現するほかないと思われるが、日本語訳は一時的（臨時）労働者となり、雇用期間が有期か無期かの区別になる。

どの国にも賃金の差はあり、また雇用の内容の差も特有なものをもっている。しかし日本の正規／非正規の区別に込められているものはそれらとは異なるのではないだろうか。なお韓国でも漢字では同じ「非正規」と表わし、ピジョンギュと読むそうであるが、日本と韓国の二国は、男女間、大企業・中小企業間などの賃金格差が大きく、そこから深刻な社会問題が生じている点で近似していることが知られる。[19] 雇用期間の有期／無期という点に限れば、正規の無期雇用は、北米の大学でテニュア（tenure）またはアカデミック・テニュア（academic tenure）と呼ばれる審査合格後の終身雇用制度に近いが、これは学問の自由の保障のために生まれて慣行となったとされ、北米の雇用においては特殊な例である。[20] 日（韓）の正規／非正規は、そうした雇用内容の個々の点について明確に規定された制度による区分ではなく、雇用期間、賃金にはじまり条件と権利の一切について上下の区別を含んだ、

19　日韓両国では、標準的な勤続年数等の雇用慣行に相違がある（日本は長期勤続）にもかかわらず、雇用における大きな格差という点では共通していることになる。

20　テニュア取得前の有期（期限付き）の教員はテニュア・トラック（tenure track）と呼ばれ、文部科学省によって日本の大学にも導入されている。

質の異なる二つの社会層（階級）として扱われ、かつその正当な理由が説明されることはない。たとえば日本では「フルタイムのパート（タイマー）さん」といった完全に矛盾した言葉が平気で通用しているし、実際に多数いるが、ここでは「パート」は労働時間のことではなく、身分を表わすことが明らかであろう。こうした区別は、身分、そして身分差別（にきわめて近いもの）といわれるのではないだろうか。雇用における身分差別（戦前の職員と職工・労務者のような）は、戦後労働改革と労働組合運動によって、その廃止・禁止が重要視されてきたが、こんにち大規模に復活していることになる。

非正規は、個人の事情や希望に応じた多様な働き方であると、政府とごく一部の「有識者」は積極的に位置づけてきた。しかし今これを文字通り肯定する人はほとんどいないであろう。短時間労働（これが本当の意味でのパートタイマーである）を自ら希望している人には問題はない。ただしそのうち、扶養手当や所得税、社会保険の要因で所得を限ろうという場合は、労働のディスインセンティブ（阻害因）となる制度――いわゆる一〇三万円の壁、一三〇万円の壁[21]――が問題であって、改正すべきである。これとは異なり、現在の日本社会で問題になっているのが「不本意非正規」（本当は正規を希望している非正規）であることは皆わかっている。この点を曖昧にするのは詐欺的手口に近い。

不本意非正規は、時給が低く、収入が少なく、諸権利の条件が悪く、不安定で将来不安が大きく、正規への転換を望んでも道が狭い。ワーキングプアと呼ばれるが、しばしば生活保護水準以下になることは、仮に時給一〇〇〇円で年一八〇〇時間フルに働いても年収一八〇万円であるという計算によって明らかであろう。

誤解のないようにしたいが、賃金の差は一切あってはならないとか、短時間などの多様な働き方があってはならないといっているのではない。そうではなく、合理的な根拠のない格差は不公正だということである。同じ内容・質の労働に対する賃金に根拠のない格差があってはならない。したがって同一（同質）労働同一賃金の原則が重要である。その他の労働条件・権利にも根拠のない格差があってはならない。合理的な根拠をもつ相違した選択肢があって、そのうちから個々人が選ぶというのが、社会的に安定的な仕組みである。また、フルに働いてもミニマムの生活が不可能な低賃金であってはならない。したがって最低賃金の相当の引き上げが必要である。そして、これらすべての項目にわたって、「身分が違うのだから仕方がない」という考えを許すような社会層観があってはならない。

さらに、これらに関して大いに問題のある現状は日本経済の足を引っ張っている。低所得は消費支出を縮小させ、マーケットを萎縮させている。とりわけ有配偶率が低い男性非正規（の低所得と将来不安）や女性正規（の子育て条件の低さ）は、明らかに出生率を低下させ、人口を減少させ、マーケットを萎縮させると同時に、成長への労働の寄与も低下させる。社会維持の条件を壊しつつあることを直

21　一〇三万円は世帯主の所得税の扶養控除対象となる収入の上限、一三〇万円は扶養と見なされ社会保険料の支払いを要しない収入の上限である。一定値をもって断絶する負担制度、専業主婦の「内助の功」に高い価値を与える不公正な観念、そして制度の誤解も含めて労働の妨害要因となることが問題であり、改正が急がれる。

視しなければならない。方向を誤った「効率化」が、縮小均衡、悪い均衡の重大な一環を構成している。

メンバーシップ型雇用

最近、次のような議論がさかんに行われ、ある程度共通の理解になってきたと思われる。非正規雇用は、正規雇用のあり方とセットで存在している。日本の正規雇用は一つの「メンバーシップ」（会員権）である。このメンバーに入れば、長期雇用・年功序列のモデルに近い条件を保障される。一方で正規雇用は、右の権利と対になって、遠隔地への転勤、配置転換、出向、（ときには不払いでの）超過勤務、本来業務以外の付加的業務など、原則として無制約の要求に応えなければならない義務も持つ。非正規にはこうした権利および義務がない。正規の雇用や賃金の保障という企業にとっての高コストのゆえに、それらについて低コストの非正規が補完する形で必要とされる。また正規の義務も、非正規との対比で、それにないものとして要求される。このように補完的である両者のあり方の変更もまた一体でなければならず、非正規問題の改善も正規雇用のあり方の改革を同時に必要とする。

最初に、正規のメンバーシップと引き換えである義務には前記の労働違法状態が含まれており、ここを変えることは前提になる。また、健康上および社会的な観点から許容しがたい程度の長時間労働、それが導く過労死、過労自殺の続発という状態も改められなくてはならない。コンプライアンス（法令遵守）の必要性は社会にかなり浸透したが、労働法令に関しては意識がまったく弱く、遵守されていない状態が広がっている。経営者・管理者に知識と意識が不足し、労働者側にも、社会全体にも同じことがいえる。学校での金融教育が必要といわれるが、現在の日本ではそれよりも労働法教育の必修化の方が喫緊であるという意見[22]に、大方は同意するであろう。

そのうえで、労働法制が強化されなければならない。現在議論されているように、労働時間については、健康の破壊を防止する観点から、週・月・年といった期間に関して絶対的な上限を設ける、終業から次の始業までに一定以上の時間を空けるなどの規制を導入する。また努力義務が多く、実効力が弱い罰則を全般的に強化する必要がある。法制とともに監督行政の強化も緊要であり、労働基準監督署は拡充する。

ところが、こうした方向とは逆に、労働規制の緩和をさらに進めようとする勢力とその議論がある。正規・非正規間の格差と補完関係を弱めるために、正規側のメンバーシップのなかの保障を縮小するという議論であり、具体的には解雇の容易化による正規雇用の流動化などが主張されている。日本の正規雇用は拘束の仕組みという面も持つ。条件の悪い企業からは労働者が退出・逃避するという競争が働けば、社会的問題となっている事態も改善しやすい。また一般論として、ミスマッチの減少は社会的効率を高めるであろう。他方、長期雇用、したがって教育・訓練費用の回収が見込めるためにそ

22 これは筆者の日本経済論の授業でのレポートに書かれた学生の意見であるが、達見である。

れが手厚くできる、といったメリットも指摘されてきた。その消失はどうなるか、デメリットとならないための対応策は何かなど、さらに考えるべき課題もある。

しかし、雇用の流動化が望ましいか否か以前に、仮にそれを促す方法を考えるとしても、現在の解雇容易化の議論は誤りである。第一に、事実認識の問題として、通常、「日本の正規雇用は過度に保護されている」ということが前提とされているが、きわめて疑わしい。ＯＥＣＤによる「雇用保護指標」(Employment Protection Indicators)の国際比較（二〇一三年）では、日本の保護の度合いは、一般労働者で三四か国平均二・二九に対して二・〇九（二五位）、有期労働者で平均二・〇八に対して一・二五（二六位）となっており、正規でも低い。[23] まずここから再検討が必要である。第二に、いうまでもないが、雇用の流動化は、離職と入職の容易化の二面からなり、双方が揃わなければならない。ここで、雇用関係には買手独占の関係があるために（強度の人手不足状況のケースを除いて）労働者側の立場（交渉力）が弱いのであるから、入職（転職・中途採用）の容易化が先行し、解雇の容易化はそのあとで進行するという順序でなければならないことは、ごく当然の論理である。

さらに、正規・非正規の賃金率（さしあたり時給）の過大な差を縮小しなければならない。先進国の上位グループを参考にとると、八割を一応の目安とすべきであろう。このために同一労働同一賃金の原則が強調されるべきである。漸進的な策をとるとして、近々にまず最低賃金時給一〇〇〇円、ついで一二〇〇円をクリアーしたい。

より広く考えると、日本では、正規賃金、非正規賃金・最低賃金、年金額、生活保護給付金額の関係が整っていないという問題がある。[24] 労働している者への支払いである賃金は、給付である年金や生活保護の額をある程度の幅で上回るのが自然であろう。先進国の標準もそうなっており、ＯＥＣＤ平均では、正規（平均的）賃金を一〇〇として、最低賃金四〇、最低年金二五、生活保護にあたる社会扶助一五（住宅手当と合わせて二三）である。これに対して日本は、最低賃金三〇弱、最低年金二〇、生活保護二〇となっている。つまり賃金間の差が大きく、低位の賃金が年金・生活保護と大差ないという不自然な状態にある。ここからも、低位賃金の大幅な引き上げが必要であることになる。

統計的差別論の克服と就活改革

日本における雇用面の格差は、「統計的差別」の理論――それを実務者たちが知っているか否かは別にして――のいう内容が実務の中で定着したものと考えられる部分が多い。たとえば男女間の格差は、（個々人についてはよくわからないが）途中で辞めてしまう者に出会う確率は女性の方が多いであろうから基幹的スタッフ候補としては下位に置こう、という考えがベースにあって実務的に定着したと

23　労働政策研究・研修機構による解説（http://www.jil.go.jp/foreign/labor_system/2013_11/oecd_01.html）等参照。

24　山田篤裕「最低所得保障、大改革の時」『日本経済新聞』二〇一二年一〇月二三日「経済教室」。

思われる。学歴（というより出身校の偏差値）重視は、（個々人についてはよくわからないが）偏差値は統計的には潜在能力（努力する能力を含む）を示すであろう、との推論によるものであろう。転職者は、（個々人についてはよくわからないが）他職場を辞めたということが何らかの欠点をもっている可能性を含むだろうから、新卒者より劣位に扱う原則にすると考えられる。これまで非正規であった者は、（個々人についてはよくわからないが）新卒採用時に何か問題があった、正規に要求される働き方ができない何らかの事情がある、スキル・ノウハウを積んでいない、などの可能性があるから正規採用はしないのが安全だと考えられているであろう（以上は大勢の話であって例外はある）。これに加えて、独自の採用活動を試みるよりも、大量に人が動く新卒一括採用の波に乗った方が、平均して優秀な者に出会うであろうし、広い意味でのコストも低いと考えて、現行のいわゆる就活になっていると思われる。

右はいずれも「個々人についてはよくわからない」という点が基礎になっている。ここから、現在問題になっている格差・差別が生じており、ミスマッチも生じている。また、経営側からは「辞めさせたいが辞めさせられない従業員が少なからずいる」（ので解雇の容易化が必要）との声――辞めさせたい従業員が少なからずいるとは、客観的にはその会社の人事管理は失敗していると告白していることになるが――が上がり、労働者側からしてもミスマッチが存在する。

そうであるならば、新卒一括、短期選考という日本の就職活動のあり方は変わった方がよい、というロジックが成り立つであろう。個々人の能力・人物、職場とのマッチング、をより詳しく確実に把握することが要点となる。その一つの方法は、インターンシップをある程度長い期間にわたって行い、労使双方マッチングをよく確認したうえ、現在よりも職務内容・条件等（いわゆるジョブ・ディスクリプションJob Description）を明確にして、一括でなく雇用契約を結んでいくというものである。インターンシップの間はもちろんフルの支払いを行う。またこれは新卒、中途、非正規のいずれをも対象にする。各方面で検討されるよう希望する。

大局観に立ったチャレンジ

前線敢闘依存型の経営は、一定の面で職場の危機をもたらしている。その一つが、日本の主たる育成システムであったＯＪＴ（On the Job Training）が壊れつつあることである。後輩を指導すべき層にその余裕が失われていることから、明示あるいは暗黙の情報、知識、ノウハウの伝授が途切れる傾向が見える。新人あるいは新規配置転換者が、現場の指導なしにいきなり実務を任され、混乱や疲弊に陥って、悪くすると退職にまで追い込まれる例が少なからず見られるようになっていないであろうか。オフＪＴすなわち研修だけでは不足である。かつての日本の職場のＯＪＴは明示的に規定されたものではなく、ただ先輩が指導する最低限の余裕を必要とした。この条件が失われつつあることに管理層が無自覚であれば、真に危機的である。見直しと対応を必要とする。

本章で取り上げてきた改革項目の多くは、企業にとって不利な内容で、ひいては日本経済にマイナスであるように思われるかもしれない。短期的にはそうであるものもあろう。しかし戦後改革の多くの措置もそうであった。農地改革、財閥解体やパージ（公職追放）、労働改革（労働組合の公認や労基法など労働保護規制）および現場での労働民主化の成果（職員・労働者の身分的格差縮小、賃金引き上げ、経営チェック機能の登場など）は、当面は深刻な悪条件と思えたであろうが、長期的な結果である大衆の所得向上、個人の自立の向上、そして国内市場の拡大は、高度経済成長を支える要因になった。現在これと似た状況にあると考えることができる。悪い均衡に導く当面現実主義的思考の誘惑を払拭して、大局観に立ちチャレンジすることが求められる。

新規参入の活発化

最後に、新規参入の活発化の課題をめぐって述べておく。開業率の低水準、事業承継や再生の不円滑による企業資源の散逸といった状態を改善することは、産業のみならず社会の活性化につながる。開業や再参入のサポートには、税制上の一定期間の軽減等の措置のほか、知識・ノウハウ（まとめて情報）面の不足に対する指導、わけても地域金融機関の果たしうる役割が大きい。すでに金融庁の指導のもとに「リレーションシップ・バンキング」「育成型金融」などとして取り組まれているが、若い企業に対する基本的な見方を確立することが有益だと考える。

金融理論の枠組みでは、銀行など金融機関は、企業等の借手の信用度を審査（examination）・監視（monitoring）して資金供給の実行や継続を判断するとされる。ここでは、借手企業等は事業に必要な諸能力（それが信用度の基礎になる）を自ら具備していることを前提にし、その具備の程度を金融機関が外側から評価する。必要な諸能力が不足していればもちろん融資は行われない。しかし、若い中小零細企業が必要な諸能力を最初から揃えていることを要求するのは大いに無理がある。むしろ、有望な能力をもっているにせよ、不足する要素もあるのが普通であり当然であると考えなくてはならない。たとえば、技術やビジネスモデルは有望であるが、経理・財務・労務などの管理の知識は欠いている、といった場合である。これに対し金融機関は、借手を〝外側〟から〝審査〟するのではなく、当然存在する不足要素を補うよう〝密着して伴走〟しながら〝育成〟しなければならない。適切な借手がいないと評価するのではなく、自ら借手をつくる・育てるのである。なお育成には当然コストがかかる。それは最終的には借手から回収する。貸出金利に織り込む場合もあるし、指導料として別途徴収する方法もある。これらの点で、中小企業金融、地域金融がマイクロファイナンスの経験から学び応用すべきことは少なくない。実はアメリカの金融もウォールストリートにだけあるのではなく、コミュニティバンクと呼ばれる地域中小金融が同種の地を這うような活動で全土を支えているのである。[25]

参考例を一つ挙げておこう。タイのＢＡＡＣ（Bank for Agriculture and Agricultural Cooperatives）は農村零細企業の育成にもあたっており、無担保・無保証、比較的低利でありながら、不良債権比率を

25　小野有人（二〇〇七）。

一定以下に抑えつつ成果を上げている。[26] ポイントは、本店で集中的な教育訓練を積んだ大量の営業マンを全国の支店に配置し、きわめて高い頻度で借手を訪問して、帳簿づけなどの基礎から教育指導しつつ育成する業務に集中している点にある。担保・個人保証依存からの脱却の基本はここにある。有名なバングラデシュのグラミン銀行の手法の先行例となった五人組制度は、連帯保証が趣旨ではなく、信用できる人物を紹介してもらうこと、すなわち情報の非対称性の克服の一方法（相手のことがよくわからないとき、よく知っている人に情報提供を委任する）なのである。先進国にもマイクロファイナンスの経験は蓄積されている。経営講座はグラミン銀行でも重要とされているが、日本でも経営講座を重視しつつ金利とは別に別途料金を徴収している例もある。マイクロファイナンスは称賛するものではなく、分析・理論化して現在の日本にこそ応用すべきものである。

26　ＪＩＣＡ／ＪＢＩＣ（国際協力銀行）と埼玉大学の共同調査で筆者が担当した現地調査による。

第5章　政治・行政・メディアの劣化

1　魔女狩り症候群

既得権狩り

本章は、政治と行政、社会意識とマスメディアという領域を分析の対象にする。通常これらはもちろん経済分析の対象ではないが、本書では欠くことができない。本書の基本視角は、私的部門（企業と家計）、公的部門（政治と行政）、それに精神の分野（メディアと国民意識）のあり方の問題が相互に作用して、全体が悪い構造に陥っているというものであるから、これらの領域も考察しなければならない。

近年の国民意識の重要な一側面として、「前線敢闘」を強いられていることからくる職場でのストレス、雇用の不満や不安[1]、少子高齢化がじわじわとかけるプレッシャー、停滞・低成長による漠然と重苦しい沈滞感や閉塞感、日本経済の地位低下、追いつき追い越されているとの報道で感じる屈辱感や焦燥感が、フラストレーションを蓄積している。

こうしたフラストレーションが、他を非難したいという方向に向く。既得権の上に安住している者を探し出し、吊るし上げ、（自分と同じように）「血を流させる」ことを求める衝動を誘う。特権は確かでなくても、「そう言われている」「そう思える」だけでよい。犯人を批判することは、鬱憤が晴れ、若干の正義感を満たし、さらに、自分が強いられているらしい不当な負担の軽減になるかもしれない。こうして、つねに誰かを非難する風潮が定着した。既得権（者）狩り、魔女狩りが確実な方法になっているため、魔女狩り症候群ということもできよう。マスコミが部数や視聴率を稼ぐには魔女狩りが確実な方法になっているため、芸能人やスポーツ選手のスキャンダルなどへの非難を含め、途切れることはない。ネットの世界では「炎上」という現象がこれに当たる。この性格のフラストレーションと非難衝動が外に向いたのが排外感情であると解して無理はないであろう。

魔女狩りが日常化するうち、共感（シンパシー）の感情が麻痺しつつあることに注意が必要である。「血を流させる」ことを求めながら、自分の身に置き換えて真剣に考えてみることは行われない。心理学の「アイヒマン実験」で知られるように、攻撃を加える側に何らかの〝正義〟が保証され、しかも苦痛の現場を間近で実見しない場合には、人は相当に残酷になれる。身近な例でいえば、職場の同

1　厳しい生活苦と不安状態に固定されている層の不満を鋭く突きつけ、問題提起した赤木智弘「『丸山眞男』をひっぱたきたい　31歳、フリーター。希望は、戦争。」（http://t-job.vis.ne.jp/base/maruyama.html）が注目された。

僚が本人や家族の病気などの事情で休暇をとるとき、共感・共有するのでなく、迷惑だと感じ、その人物のこれまでの言動から非難すべきものをピックアップして反感を正当化しがちになる。自らに余裕がないからこそ、また組織を回さなければならないという〝大義〟に迫られるからこそ――本当はそれは経営の責任である――こうなるのだが、結局は自分本位の強まりであり、それは社会をさらに殺伐としてストレスの多いものにする。

規制緩和・民営化

国有・国営事業や、規制によって守られているとされる層への魔女狩り的心情を背景にして、民営化、規制緩和が主張され、進められてきた。しかし本来、国営事業や規制の要・不要は個別に検討すべきものであり、一律に扱うのは誤っている。この点についてはすでに、建築基準法の規制緩和（建築検査の営利企業への開放）後に、検査受注競争を通じて耐震強度偽装の黙認事例が生じたこと、アメリカでの航空自由化・電力自由化後、競争のメリットはある一方、問題も生じたこと、またバス・タクシー・トラックなどの運送規制緩和についてもより詳しいフォローアップ再検討作業が進められていること、などの例を挙げた。一律「規制緩和」または「反対」の主張は政治的あるいはイデオロギー先行に偏し、雑に過ぎる。

日本の郵政民営化のモデルとされたニュージーランドも、その後、複雑な経過をたどっている。[2] 要点のみまとめると、一九八七年に郵政三事業の分割民営化が行われ、①郵便事業は公社化＝NZ Post（こんにちまで一〇〇％国有）、②通信事業はNZ Telecomとなって一九九〇年にアメリカ資本に売却され、Telecom NZとしてニューヨーク証券取引所に上場、③金融事業は一九八九年にオーストラリア資本に売却され、一九九四年に吸収されて消滅したが、その後二〇〇二年の再改革でNZ Post公社がKiwi Bank（キウィ銀行）を設立して国有金融サービスを復活、金融過疎地でのサービス提供で国民から強い支持を受けるとともにNZ Postの収益源ともなった。

西垣鳴人（二〇一三）は、ドイツ、イギリス、ニュージーランドの郵政民営化の経験を総括し、民営化が一応成功という評価をしうるには、「民営郵政会社が社会的責務を引き受けられるほどに十分な経営的余力を自らの事業の成功によって確保していること」という「必要条件」と、「事業成功によって得た経営的余力を社会的責務履行のために配分させるような実効性のある枠組みがあること」という「十分条件」が満たされなければならないとする。ニュージーランドの事例については、右の必要条件はある程度満たした一方、問題は十分条件の側にあって、ユニバーサル（全国的）サービスは実効的な基盤保障なしには維持されないことを示したと結論づけた。妥当な議論と思われる。

日本でも、ユニバーサルサービスの維持と利潤最大化との相反が基本的な問題であり、これは株式上場によって根本的に激しいものになる。株主が利潤追求のために社会的貢献を拒否するよう強硬に

2　家森信義・西垣鳴人（二〇〇九）、西垣（二〇一三）など。

要求したとき、どう対処するか、できるのか。このほか金融事業二社（ゆうちょ銀行、かんぽ生命）が日本郵便に支払う業務委託料の水準も、株主間の深刻な争点になるであろう。きわめて困難にせよ、この相反を調整する方策が求められる。暫定的な議論ではあるが、金融事業を中心に考えてみる。ユニバーサルサービスの提供は郵便局の店舗配置にほぼ依存するため、店舗網の維持に対しては政府の意思による制約づけと費用負担の可能性の恒久的存続が不可欠であろう。さらに、高齢化と過疎化を伴う人口減少の進展のもとで、過疎地域の民間金融機関店舗の撤収が避けられず、住民が金融機関店舗にアクセスできない地域的な「金融排除」問題の深刻化が確実なので、アクセス拠点としての郵便局の活用が重要になる。コンビニの役割は過疎地域では副次的にとどまる。郵便局では、金融業務のunbundling（分解）と協力の発想[3]に立って、たとえばタッチパネルとテレビ電話の機能のある設備を利用して各種金融業者に接続するネットワーク拠点として活躍することができるであろう。

このように具体的に考えると、予断にもとづく偏向によって一律に「規制緩和・民営化」（または反対）の枠で思考・主張することは、有害である。

負担忌避から共倒れへ

私的分野での生活ストレスの増加は、公共的な是正の要求に向かわず、逆に既得権者狩りに向かった。つまり公共性への不信に至ったことを意味している。そのことを基盤に、負担忌避、減税指向と格差容認が広まった。

全国民的な負担忌避、減税指向は、経済的活力を高めたのちのトリクルダウン[4]を期待すべきとの論理、および利害から、法人企業と富裕層を中心とする減税の繰り返しとなった。しかし両者の支出性向は低いから、それは総需要の縮小、すなわちすべての企業にとってのマーケットの縮小、売上収入の減少をもたらした。この環境のもとでは、企業の利潤追求は外延（売上）の拡大への注力よりも、コスト削減へと内向していく。それにより労働所得は縮小し、株主配当と企業留保利潤が拡大して、富の偏在、格差の拡大となった。増加する企業と富裕層の所得に対して減税を進めたのであるから、政策も格差拡大を後押ししたことになる。税収の減少は財政赤字の拡大と公共サービスの低下を生み、それらはまた支出、需要の萎縮を招く。この一連のプロセスは、縮小的な主体均衡を図って縮小のスパイラルに落ち込んでいったものといえる。結果的に、自分の生活を維持するため公的負担をしたくないという負担忌避の感情は、ますます労働と生活および精神環境の水準を引き下げたのである。この意味で、日本国民は失敗した。

支出と所得の縮小のスパイラルの過程は、そこから漏れ出して累積膨張するという意味でその裏面をなす、企業と富裕層の資金余剰を生む。それはファンドを膨張させて投機・バブルの続発の基盤を

3　大垣尚司（二〇〇四）参照。
4　Trickle down：上位が富めば下位にも成果が滴り落ちるとする仮説。

つくるとともに、中核株主としてのファンドの圧力増大から企業経営を近視眼にする恐れにつながり、下方へのスパイラルをもたらす因果の連鎖を完結する。

ゼロ％近辺の成長率の継続、じわじわと低下する経済水準といった数字は、こうした悪い構造の結果を総括表示するものでしかない。

右で公共支出の質・量の低下にふれたが、社会保障や行政サービスのコストを可能な限り切り下げようとする施策は「一文吝《おし》みの百失い」的な状況を生んでいるともいえる。看護、介護、保育などに充当する予算の「節約」によって人材の不定着・不足や待機児童問題がいつまでも解消されない現実、文教予算の「節約」の積み重ねがもたらした教育費の高騰や教育格差の問題化を想起すべきである。自分が該当しないときには「節約」すべきものに見えるが、該当したときに問題を知る、というサイクルが回っている。その結果は、誰にとっても必要になったとき公共サービス供給体制に不備不足があるという事態であり、それは国民生活の厚生に対して重大なマイナスである。

効率化しなければならない。効率化とは費用の削減のことである。既得権は不効率とともに不公正の源であって、剝奪しなくてはならない。それが進むほど政府は小さくなる。企業と富裕層を中心に減税することが経済活力につながり、ひいては自分の利益になる。――国民は、局所ごとに、こうした考え方に説得され、大筋として支持してきたことになるが、これらは正しかったであろうか。結末である現状は明白であり、そこに至ったメカニズムも大筋解き明かされた。もう答えを出せるし、出さなくてはいけないと思われる。

2　長期構想の欠如

少子高齢化と社会保障

日本の組織には、当面の可能性の高い具体的事項に集中する「効率的」思考を求める傾向があるとすでに述べた。この組織の集合体である日本社会全体もおおよそ同じで、長期戦略的構想を進めることは得意でない。

少子高齢化は、長期戦略的な対応を要する代表的な重要問題である。それが進行することはかなり以前からわかっていた。一九八二年の「老人保健法」による自己負担の導入は高齢化に備えたものであったし、一九八六年には「長寿社会対策要綱」が決定されている。少子化でも、一九九〇年には合計特殊出生率が落ち込む「一・五七ショック」が話題になり、一九九四年に最初の対策「エンゼルプラン」が策定された。しかし二〇ないし三〇年経過して効果はみられない。政策の実際は、少子高齢化への対策よりも、それがもたらす社会保障コストを削減する対応の方に力点が置かれてきた。この政策態度は、すでに破綻した。

少子化対策は、将来世代を育てることはもはや私事ではなく公的な必要事であるという覚悟を決め、資源配分の優先度を抜本的に引き上げる以外にはない。子どもをもつことはもちろん私的な選択であるが、誰も子どもを育てなくなれば、社会保障のみならず経済も、さらには社会そのものも成り立たなくなる。また少子化は純粋な自然現象や私的嗜好によるのではなく、子供を産み育てることを妨害する環境・条件によるという点で、社会的問題である。したがって公的・社会的な対応、すなわち「子供を産み育てることを妨害する環境・条件」の除去または軽減の必要がある。

第一に前提として、非婚率を下げるため貧困を解消しなければならない。非正規男性の婚姻率が三〇代前半でも三割前後と破滅的に低いこと、女性は逆に正規で低いことをすでにみた。これでは出生率を上げるのは不可能であるから、働いて当たり前の暮らしができるよう最低賃金を大幅に上げ、またある程度の将来見通しが立つように、非正規の過度の雇用不安定、権利の劣後を改善しなければならない。

第二に、働き続けながら子どもを産み育てられる条件を整えるよう、職場の慣行を変える。これは「働き方改革」[5]と呼ばれているが、好きなように働けるわけではないので、「働かせ方改革」でもある。結婚・出産退職の事実上の強制を根絶することをはじめ、女性に育児しながら働き続けることを可能にする、男性には育児だけでなく家事の分担を高めることを可能にする職場慣行に、システム変更する必要がある。長時間労働は男女いずれにも妨害要因である。育児休業においては、休業中に変化についていけず復帰困難とならないための工夫を要する。これらと、特に男性の意識・生活が変わることとが相俟って、効果が挙がる。

第三に、右に対する公的サポートである。保育所の拡充（待機児童解消）、学童保育の向上は喫緊の課題としなくてはならず、学校や老人ホームなど他施設との共用やボランティアの協力といった工夫がなされてよい。金銭面では、育児手当の一定の拡充、教育費負担の抑制を必要とする。なおこれら金銭的サポートでは、所得逆進的に作用する課税控除によるよりも、手当の支給や学費の抑制といった手法の方が望ましい。育児を妨害する小さな要因はこれら以外にもあり、しらみ潰しに正していくべきである。たとえば、いまだに学校給食のない恥ずべき自治体が特に大都市部に残っている。中学校での学校給食の実施率[6]（部分給食を除く・学校数ベース）を調べてみると、平成二六（二〇一四）年度で八一・四％であり、特に大都市部の中学校で未実施が多い。勤労世帯の実情に照らして毎朝の弁当づくりは負担が大きい。これらの自治体では「手作り弁当こそ愛情」という実情無視の趣味的イデオ

5　安倍内閣がこの点を取り上げたのは無論よいことであるが、歴代自民党政権は経営者団体の主張に沿ってこうした方向に敵対してきたのであるから、一時の主張で終わることが当然予想される。そこで、逆戻りできないよう法制・機構などの面から固定する制度化をしておく必要がある。

6　文部科学省「学校給食実施状況等調査」による。

ロギーの押し付けが残存している。こうした主張をもつ首長や議員は、日本社会の重要な課題の足を引っ張る害であり、排除が急がれる。

社会保障改革の方向

社会保障全般について、高齢化と財政悪化の制約がここまでに至っていることを直視すると、ミニマム保障を原則とする選択肢しか残っていないと考えられる。

年金は、税方式の一律基礎給付のほかに現実的な方法は考えにくい。具体的にはこうである。①まず分立している諸制度を統合・一元化する。②基礎（一階）部分は全額税方式で一律保障とする。③二階部分は報酬比例を廃して個人選択制とする。すなわち私的年金ほか個人貯蓄を選択する場合は自由に民間商品を利用し、国への委託を希望する者のためには代行基金を設置する。これは民間商品よりリスクも収益性も低いものとなる。基金は積立制で、拠出額は個人選択である。この部分は自己選択なので公的負担にはカウントされない。④支給開始年齢も個人選択制とし、有利不利の差を生まないよう月額を調整する。[7]

平成二六（二〇一四）年度の年金財政支出額は五〇兆六一五七億円であった。[8] 右の制度に改正した場合を試算してみよう。二〇三〇年の人口予測（中位推計）[9]で六五歳以上は三六八五万人である。仮に給付を一人当たり月額一〇万円（夫婦で二〇万円）としてみると、所要年金財政支出額は四四兆二二

○○億円（一〇万円×一二か月×三六八五万人）でしかない。ちなみに同年の総人口は一億一五二二万人に減少すると推計されているので、一億二六九六万人を擁する現在（二〇一六年五月時点）でのウェイトに換算すると実質四〇六〇万人に当たる。このベースでも四八兆七二〇〇億円（一〇万円×一二か月×四〇六〇万人）で済む。右はもちろん物価・経済規模等が現在のままとし、年金制度案だけを外挿した場合である。これであれば持続可能である。この方式以外にないのではないか。

なお、これまでの報酬比例の拠出分をすべて切り捨てることは（望ましいが）合意を得にくいと考えられるので、部分的な切り捨てとし、過去拠出分に応じて緩やかな上乗せを行うのが現実的であろう。現在まで積立方式中心をとっていない以上、給付が当年の負担力（経済事情）によって変わらざるをえないのは当然のことであり、切り捨ては認めないという主張は根拠をもたない。

介護については、筆者には抜本的な改正のための知識がなく、専門家の議論に俟つほかない。ただ現状は、財源不足から人材不足を起こしていることに間違いないので、一定の財源投入拡大が必要で

7　この点は、筆者の旧著・伊藤（二〇〇七）で主張した内容を変更すべき状況の変化はない。またこのプランは衆議院予算委員会公聴会で報告した。

8　厚生労働省「公的年金各制度の財政収支状況」（http://www.mhlw.go.jp/topics/nenkin/zaisei/04/04-01-02.html）

9　国立社会保障・人口問題研究所「将来推計人口」（平成二四年一月推計）（http://www.ipss.go.jp/syoushika/tohkei/newest04/sh2401top.html）

あろう。

医療についても同じく筆者の能力の不足のため、言えるのは以下のことにとどまる。まず分立している共済健保（公務員）、組合健保（大企業）、協会健保（中小企業）、国民健保（被雇用者以外）に、財政状態の差、負担率（保険料率）の差があり、政府財源の投入（したがってまた負担率）をめぐって毎年やや短期的視野での政治的交渉が繰り返されている現状にある。この自転車操業状態は限界に近く、公平性にも問題がある。制度の統合と長期的財政見通しが必要なことは間違いない。現場でできることとして、ジェネリック薬品の普及による費用削減、特に費用のかかる医療の原因となる疾病（現状では人工透析につながる糖尿病など）に焦点を絞った予防の強化、健康保険データを用いた地域別医療供給等の分析など、費用の効率化が取り組まれている。医療コストの都道府県・地域別の差、予防のための定期健康診断受診率の企業別の差などはいまだ大きく、したがって改善しうる余地はあるので、各界の協力による取り組みを継続強化しなければならない。そして、これらの努力の先に、長期的課題として医療供給体制の再構築がおそらく不可欠であろう。それは、専門医でなく総合医としての〝かかりつけ医〟（プライマリー・ケア）と高度医療病院との分業と協力の体制、それに伴う医学部教育の再編（かかりつけ医養成のための総合化[10]）などといった方向になると考えられる。

これら社会保障整備の課題を通じて基本になるべき考え方は、ミニマム保障である。これは格差是正と似ており、混同されることがあるが、別のことを意味している。最低限の保障――それより上の階級の状態についての価値判断を伴うのが格差縮小論である――が合意しやすい（また合意すべきである)。

最後に、多くの先進諸国に比べて日本では比重の低い住居保障政策が、今後重要性を増すであろうことを指摘しておきたい。持ち家でない高齢者世帯等にとって、住宅費(家賃)は生活費のうちできわめて高い比重を占める。したがって所得と住宅はセットで保障を考える必要がある。また保証人、礼金・敷金といった高いハードルの賃貸借慣行(戦時に起源をもつものとされる)は、高齢者だけでなく低所得者、非正規労働者にとっても暮らしにくい要素になっている。海外と比べ異様に厳しい慣行の是正を含め、社会保障の重要な一環として住宅政策が重要である。

財政の現状

社会保障を中心に増加する財政支出に対して可能な限りの効率化に努めなければならないが、税などの公的負担が高まるのは避けることができない。負担の内容も同列に重要である。したがって「税と社会保障の一体改革」を再度全社会的に議論しなければならない。

日本の公的負担(税・社会保険)は先進国中でいまだ高くなく、相対的に「小さな政府」の範囲にとどまっており、引き上げの余地がある。余地があるからこそ、客観的には破綻状態にある日本の財

10　井伊雅子「『家庭医』、質と財政両立の鍵」『日本経済新聞』二〇一二年八月一日「経済教室」。

政が切迫した危険視をされず、ＪＧＢ（日本国債）がFlight to quality（安全資産への避難）の対象とされ続けているのである。増税を拒否し、財政破綻状態を放置・先送りし続けるなら、日本国民は自己コントロール力を欠いていることになり、またそう見られる。

税収の増加が必要である。政府債務残高の対ＧＤＰ比は、二〇一五年度において二二九％で世界一悪く、もう少しで敗戦直後の状態に並ぶと推定される。なお二位のギリシャが一九〇％、そのほかアメリカ一一一％、ドイツ七九％、イギリス一一六％、フランス一二〇％、イタリア一六一％といずれも悪化している。二〇一六年度の国の予算は、税収五七・六兆円、国債収入三四・四兆円に対し、歳出九六・七兆円、うち国債（返済）費二三・六兆円、残り政策経費七三・一兆円となっている。赤字すなわち税収不足は三四・四兆円である。歳入から国債収入、歳出から国債費を除き、税収と政策経費を比べて新規の国債増加額をみるプライマリーバランスは、一〇・八兆円の赤字となっている。[11] これでも改善した数字で、近年は税収が歳出の半分という趨勢にあった。したがって必要な税収の増加は、財政均衡のためには三〇兆円台、さしあたりの小康状態のための最低限度であるプライマリーバランスの均衡化には一〇兆円台、ということになる。あと二％の消費税率アップで予想される税収増は四～五兆円で、必要額の三分の一ないし七分の一程度にすぎず、数兆円から三〇兆円分が不足する。

直接税改革

増税するなら、その主力であり最優先されるべきは消費税である、というのが一九七〇年代以来過去約四〇年間〝常識〟とされてきた。しかし、この思考を習慣的に続けるのは今では正しくない。なぜなら、広く浅く負担を求める消費税がよいという理由は格差が小さかった時代のもので、現在は条件がまったく変わってしまっている。また前回二〇一四年の税率引き上げにおいて確証されたことであるが、近年の状況では、マクロ経済的な打撃がきわめて大きい。次章でみる通り、消費税引き上げによる物価の上昇に賃上げがまったく伴わないという労働市場の反応不全のために、実質賃金の低下（二〇一四年度で二％台）、したがって消費支出の大幅減（同じく五％強）となってしまったことによる。この状態では、消費税を最優先すべき主力とすることが不適切なのは明らかである。引き上げの時期を法律で固定する手法も適切でなく、タイミングを検討した上で機動的に、なるべく早く一〇％に上げるほかないと考えられる。

こうして、現在における焦点が直接税改革となるべきことに議論の余地はない。財務省も変化した条件に即応して、直接税改革に主力をシフトすべきである。

所得税についても、近年進められてきたフラット化（累進度の緩和）は格差の小さい状態を前提にしたもので、現在の条件のもとでは累進度の再引き上げを通じた税収増が適切である。一つの目安として、過去の税収ピークである一九九一年度の二七兆円を回復することが当面の目標になる（二〇一

11　以上の数値はすべて財務省ホームページ。

六年度予算一八兆円)。

次のような改正も必要である。第一に、軽課となっている金融所得課税を引き上げる。第二に、基礎控除や扶養控除などの所得控除は、適用税率の高い高所得者ほど控除額が大きくなる逆進性の問題があるので、控除必要分は、税額を算出したのちに定額控除する税額控除に移行する原則が望ましい。第三に、いわゆる「一〇三万円の壁」「一三〇万円の壁」など、一定金額を超えると控除や手当の扱いが不連続に変わって不利になる労働阻害要因を廃止する。

法人税でも、その減税が投資などの支出を拡大するという理由づけは過去の資金不足時代のものであって、企業部門資金余剰の現在では妥当しない。それにもかかわらず経営者団体は減税を強硬に要求し続けており、政治やメディアでの議論も同様である。税に関する論議の多くは、すでに条件が変わってしまってから相当の時間が経過したにもかかわらず、惰性的に過去の「常識」で考えている。この現状は許されないというべきであり、根本から変更する必要がある。

日本の法人課税実効税率は高いので下げよという根拠のない議論——税負担は課税対象の大きさと税率の二つで決まるのであって、税率で決まるのではない——がいまだに行われており、国際的にも減税競争が続いている。不条理であるが、政治的力関係上、仮に税率は下げざるをえないとしても、最大規模企業の税負担率がかえって低い現状は異常であるため、その原因である減免税措置(租税特別措置)[12]を大幅に削減し、課税対象を広げる必要がある。これによって税収はかえって上げるのが正しい。国際的には法人税引き下げ競争が各国財政の共倒れを招いていることが明白であるから、協調を呼びかけて流れを変えるべきである。所得税・法人税の低税率を売り物にして合理的な協調を乱すタックス・ヘイブン国には、相殺的にペナルティ関税を課す方法もよい。

法人税も、過去のピーク一九八九年度の税収一九兆円をさしあたりの目安としてよいであろう（二〇一六年度予算一二兆円）。すなわち、所得税・法人税合わせて過去最高税収は四六兆円、現在は三〇兆円であり、かつて支払えた額に戻すだけで一六兆円になる。しかもピークであった一九九〇年前後の国民所得も企業利益もこんにちより低かったのである。これと消費税一〇％によって、さきにみたプライマリーバランス均衡必要額をオーバーし、財政持続への接近を展望できるようになる。

また抜本的には、社会保険、特に年金の税への移管を追求すべきである。なぜなら社会保険には制度分立による不公平、および逆進性[13]という問題があるので、保険料の労働者負担分は個人所得課税、使用者負担分は法人課税に移管して、一元化と累進性（ないし比例課税）、すなわち公平性を実現する

12　特に、研究開発費・配当金受取の控除等は大規模企業に集中した減免税となること、欠損の繰越控除（ある年度の赤字を後年度にも分割して利益から差し引く）も大規模企業・銀行等が長期にわたって法人税を払わない結果となって過大であることが問題とされた。欠損繰越控除については差し引ける限度割合の引き下げが進められつつあり（中小企業は限度なしであるが、一律この扱いには疑問がある）、新設企業・更生企業（ともに七年まで）は対象外とする改正が行われた。これらは基本的に望ましい措置だと評価できる。

13　たとえば国民年金の一律の拠出と給付は甚だしい逆進である。

のがよい。

最後に付言するが、最近、「日本会議」の政治的プレゼンスが注目されていることをはじめ、「宗教」を名乗る団体・関係者の政治やメディアへの関与・影響が度を超え、宗教の本来の趣旨を外れて不公正をもたらしているように思われる。現に政治的影響力があるだけに困難さをもつことは理解するが、宗教法人法の趣旨にまでさかのぼり、宗教活動、公益事業の範囲を厳格に再検討するとともに、監視を厳密化するべきである。その資金力による社会的影響も問題であり、活動の再定義、監視と密接に関連して、最も厳密な本来事業以外の課税が強化されなければならない。

3 政治・行政改革の結果

「改革」の連続と政治の劣化

メンタル疾患、ひいては過労死、自殺が後を絶たない長時間労働と高ストレスの状態が、健常な市民としての生活を成り立たせなくしている。時間と神経のほとんどを職場に注ぐことが要求される結果、家庭や地域が空洞化し、社会活動や政治への参加が考えられなくなり、観客としての存在でしかなくなっている。それが劇場型政治をつくり、再びストレスの源になる。こうしたフラストレーションが、その捌《は》け口として、健康とはいえないさまざまな社会現象を生んでいる。以上のことをすでに述べた。

不満、フラストレーションは、一九九〇年代以来一貫して「改革」を求め続け、唱え続けさせた。振り返ってみると、一九九〇年には土井（たか子）社会党・マドンナ旋風が吹いており、以後、細川非自民連合政権、橋本六大改革、小泉構造改革、民主党政権、そして「アベノミクス」というように、改革への期待とブームの波が続いてきた。ただし改革の方向は一貫しておらず、むしろ大きく蛇行してきたことが右の経過から明らかである。何を目標とした改革を期待するかについて、その都度もちろん説明の理屈はあったものの、長い目でみた意味づけ、位置づけは誰もわからない漂流であった。

そのうち政治改革論は小選挙区制（小選挙区比例代表並立制）の導入に行き着いた。こんにちの時点で結果を考えると、それには功罪両面があったと思われる。〝功〟としては、第一に、選挙区が小さくなった分、政治にかかる金が減ったといわれる。ただしそれはプロの世界の話で、一般国民にはうかがい知れない。第二に、かつて長く主張された自民党の派閥の解消も、その弱化という形で実現したと見受けられる。

しかし後者は同時に〝罪〟の面をも持っている。国会議員の育成メカニズムが弱体化し、質が劣化したことである。小選挙区制のもとで、時々の党のブームの振れによって大勝と大敗が交代するため、議員・候補者個人よりも党ないし党首のイメージ力が大きな要素になり、その個性によって政治が大きく振れる。また公認権限を基盤に、中選挙区制下で実権を持っていた派閥よりも党が力を持つことになった。一般論としてはこれは進歩であるが、実際には右の結果、二世・三世の世襲と「チルドレン」（党の勢いに乗って当選する新人）が大方を占めるようになっている。その多くは鍛錬を経ておらず、キャリア形成パスが揺らいで政策知識・力量の蓄積に問題を生じている。連続当選による安定がなく、また一選挙区から（比例復活当選を除いて）一議員となるため、すべての問題を広く浅く扱うことになり、ある分野についての専門知識を派閥と政調会部会で積んでいったかつての議員養成メカニズムが弱化した。こうしてまた有力議員・実力者と呼ばれた層がほとんど消滅し、派閥と領袖の間での競争で方針が練られる機能、チェック&バランスの機能が大幅に失われた。党首とその周辺の独走が生じやすくなる。繰り返すが、これらは功罪両面をもつ。

政治家は地域の実情、国民の実情を把握し、吸い上げるとされてきた。しかし右の変化を経た現在では、そうした機能は弱まったとみられる。というのは、選挙の危機感を背景に、有権者の反応から政府・党の方針を修正していく機能は強く見られず、強い力を持つ党首・党執行部の方針に従うか（たとえば小泉・安倍内閣）、強い党支持・多数議席の下で評論家的個人主張の集合状態になるか（たとえば民主党政権）が観察されたからである。民意の反映が弱まったということの点が最も重要であり、重大なマイナスであると考えられる。

官庁の機能低下[14]

かつては世界に誇る有能を謳われた日本官僚機構の機能も低下した。

その代表であり象徴でもあった旧大蔵省はバブル崩壊後の金融危機の過程で強いバッシングの対象

14　古賀茂明（二〇一一）、川本明（二〇一三）など参照。

となり、裁量性への批判、公正性・透明性原則の要求によって行動が制約されるとともに、無謬神話が全国民レベルで崩れたことが大きく、好意は受けないが能力は畏敬されているというプライドが折られて、士気が低下した。程度はより小さいとはいえ、それは官僚機構全体に共通した。他方で、下位省庁は正面からのバッシングの対象外となったため、自己反省と行政スタイル転換の直接的な契機は与えられず、前時代のままの行政を続けているという側面もある。

こうした機能低下と、劇場化した政治の両面から、官庁がもっぱら政治とマスメディアの顔色をうかがう傾向が強まった。その評価を損なうとバッシングを受ける恐れがほぼ確実だからである。これにより、現場の実情の把握、あるいは高度の調査機能によって、独自の政策立案を行うルートが弱まった。焦点はリアルな情報の収集と、それにもとづく独自の立案にある。現場の実情把握の弱化は民間との接触の減少により、それに代わってパソコンに向かいポンチ絵を描く等の机上仕事の比重が多くなった。そして独自の実情把握にもとづく行政立案よりも、メディアが取り上げる問題への対処がメインになった。かつては官庁が最大のシンクタンクとされたが、その機能は低下した。

シンクタンク機能低下の代表的な例は経済白書の凋落である。戦後を通じて、経済企画庁は「官庁エコノミスト」の大集団であり、学者的に過ぎるといわれるほど豊富な情報と詳細な客観的分析を満載した経済白書は、経済関係者の間でベストセラーであった。しかし現在では書店にも並ばず、誰も注目しない。これは小泉内閣・竹中経済財政相が性格を変更して以降である。名称も経済財政白書となり、サブタイトルが「改革なくして成長なし」Ⅰ・Ⅱ・Ⅲ……とされて、内閣の宣伝文書に変わってのち、誰も読まなくなった。経済企画庁は内閣府に吸収され、官庁エコノミストの養成・活用のメカニズムと組織が大幅に破壊された。重大な資源喪失となった。旧経企庁的な組織と機能の復活は急務である。

大学の現状の事例

別の変化もみられる。以下、筆者の仕事柄、直接に経験している文部科学行政、特に大学行政のケースを例示し、私見ではあるが可能な限り客観的に述べる。結論的にいえば、ここでは、マスコミと政治が取り上げる魔女狩りの対象に対して、数値目標と数値管理、予算が伸びないもとでの資金面からの管理を強める形式といった新しい側面と、昔ながらの上意下達の残存とが結びついた実態が生じている。地方自治行政などでも基本的に同様と思われる。

日本の大学の現状を述べると、まず私立大学は二分化している。少子化のもとで、下位大学は学生募集が困難となり、定員割れ、あるいはそれを中国をはじめとする留学生で埋める実情が広がった。上位は相対的に安定しているが、かつてに比べて経営的意識が高まり、改革が加速している。国立大学は独立法人化されたのち大幅かつ急速に変化した。法人化に際しては、各大学が独自な運営方針を策定して自立化すること、一律の予算投入でなくプランと実績（研究プロジェクト、教育・社会貢献等についての）ごとに競争的に資金配分し、納税者に対する説明責任を強く意識することなどが狙いとされた。

あまり知られていないと思うが、実際には次のようになっている。かつては研究優先で、一部に甘えや不効率もあり、教育サービス意識が弱かったことは事実である。この点は別物になったといってよいほど変わり、良い変化の面が多いことは認める。授業は大幅にわかりやすく懇切になった。学生による授業評価アンケートがほぼ全面的に広まり、それによって改善に努めるという、かつては考えられなかったことが普通になっている。

教育や社会貢献の面での改革が急速に重ねられたが、それは一期六年の「中期計画」と毎年の「年度計画」の作成、提出、評価という制度枠組みを通ずるものとされた。自立した法人の計画といえば、企業の中期計画に当たるものが想定されよう。すなわち、①マーケット情勢――需要側（ニーズ）と供給側（同業他社の動向）――の独自の分析を行い、②次いでその中での自社のポジション＝戦略を独自に定め、③戦略の実行体制（組織・人事・財務等）の管理を検討するのが計画の基本内容で、④実施後に成果をチェックするというプロセスとなる。ところが行政が指示する計画は、数百の詳細な項目まであらかじめ決められていて、それらの指示項目をどう具体的に実施していくかを書き込むものであり、予算の圧力のもとでは実質的には命令となる。金融庁「金融検査マニュアル」が下敷きかと思わせる分厚いエクセル・シートへの書き込み作業である。あらかじめ行政的に定めたポイントをチェックする検査と、独立法人の計画は、同じであってよいであろうか。自主的な計画という名のもとで、それを通じた事実上の命令が行われていることになり、これは法人化法の趣旨に反していると考えられる。

六年に一度の中期計画の提出と評価の作業、これとは別の「認証評価」という同種の作業、毎年の年度計画作業——年度途中のチェックがあるため事実上の半期決算制となっており、さらに四半期チェック制度の導入が示唆されたが大学側の悲鳴で取りやめとなった——がある。その他に何らかの改革を行う際に膨大な資料提出が必要とされ、さらに「競争的資金配分」の原則に立つ研究費獲得ごとに計画文書・報告文書作成の作業が必要になる。これらはどこかの部署が専門的に担当するわけにはいかず、学部等の各部局や個々の研究者が作業するほかない詳細レベルであるから、日本の研究者すべてを動員して多大の時間と労力を投入している。こうして、文科省調査でも確認された大学教員の研究以外の負担時間の増加、研究時間の大幅減少となっている。[15] 加えて、小泉改革以来、毎年度一％（最近は〇・八％）ずつ大学予算の削減が続けられており、教職員の削減（退職不補充による）が進行して、学問体系の維持に必要な最小限度を最近では割り込みつつある。

以上のようにして日本の学問研究は危機にある。危機をもたらしている主要因は行政である（先述のように教育・社会貢献面で改善があることは認める）。小・中・高での教員の多忙化にもこれと共通する

15　科学技術・科学政策研究所「大学等教員の職務時間の変化」。なお調査担当官のコメントは「各大学で工夫してほしい」という驚くべきものであった。教員の多忙化によるこの危機的事態に反応し策を講ずるのでないなら、文教行政の存在価値はあるのだろうか。

面が多いであろう。いずれも結果は、行政にとってメディアと政治への説明はしやすくなった一方、現場は〝本業〟が危機に直面し、必死にそれと闘っている現状である。これは本当に国民の負託に応えることであろうか（筆者には本末転倒に思える）。近年のノーベル賞受賞は過去の遺産によるものであり、現在の状態が続くと将来はきわめて困難であろう。この実情はぜひ国民に知っていただき、これでよいのか判断を仰ぎたい。

行政のあり方への提言

地方自治行政等にも共通すると思われるが、自立や自治が謳われながら、具体的な方式の中では事前に選択肢を限定することで、事実上強制としている問題がある。あるいは、あらかじめプロジェクトを提示して競争入札的に（大学や自治体の）応募を募り、採択して予算配分していく方式（いわばコンペ方式）も目立つ。この方式には、現場密着から生まれる自立したアイデアが出ず、活かされないという問題点がある。

強調されているのは、競争、成果、説明責任である。行政がこうなっているのは、政治とメディアの評価に意識が向いていることによる。背景には官庁バッシングの経過があり、メディアと政治からのバッシングを回避する動機が働いていることは理解しやすいであろう。

もう一点ふれておきたいのは審議会等についてである。行政が大きな配分権限を持っていた高度成長期における利害集団・圧力団体間の調整とは内容が異なっているが、現代における問題点も検討される必要がある。ここでも文教行政を例にとれば、経営者団体の要求や「有識者」としての経営者層の発言がきわめて大きな影響力をもっていることは、近年の経過から明らかである。要求を一言でまとめれば、少数先端大学に技術開発の役割を集中し、その他は実学教育に特化して注力せよというものであった。

しかし、「有識者」としての経営者層の発言は、現実との乖離が著しい。調査がなされておらず、知識を有していない。発言の内容から、自身の学生時代の経験をもとに発言していると推定されるが、多くは年配者なので、数十年前のイメージと思われる。床屋政談レベルというのは酷であろうが、有識には該当しない。自己肥大をみずから警戒し、慎重に行動していただきたいとはいえ、委員等を委嘱されてしまえばそれも難しい。したがってその前に、この層を有識者として呼ぶべきでなく、雇用側の立場に限定された軽度の参考情報として聴くのが妥当である。また一般的に、審議会には、政権の意向を反映した人選を加えてはならないというのが戦前からの歴史的教訓である。

以上にみてきたメカニズムを通じて行政が劣化している。その主原因は、劣化したメディアと政治に顔が向き過ぎ、現場の実情に密着した情報把握、シンクタンク機能が疎かになったために、独自の立案機能が弱化したことにある。独自情報機能を特に回復し、その方向線上で士気とプライドを回復して、緊要な課題に対処されることを望む。とりわけ緊要な課題をあらためていくつか列挙しておくと次のようになる。

●財務省には、直接税改革を柱とする財政破綻回避と以下の重要施策への支出配分
●厚生労働省には、労働違法状態の一掃と社会保障のミニマム整備
●農林水産省には、近未来の農業担い手と事業戦略の像の提示ならびにインフラ整備
●経済産業省には、産業とエネルギーに集中した情報収集
●内閣府には、旧経済企画庁の専門シンクタンク機能の復活
●文部科学省には、不適切な介入の廃止と海外情報の収集・提供
●総務省と国土交通省には、各種地域データの徹底的な収集と解析の主導、および資金誘導的でない地方自主アイデアの引き出し

4　メディアの劣化した販売競争

マスメディアの劣化

マスメディアは、政治および国民意識に加え、かつて相対的に自立的であった行政にも強い影響を及ぼすようになったが、それは主体的・能動的なリードではなく、部数・視聴率を追求する競争の結果としての、誰も方向が読めていない漂流というべきものであった。

この点、松本サリン事件報道という、メディアにとってのいわば原罪につねに立ち返り、見つめ直すことを望む。この事件では、犯人逮捕を急ぎたい警察の意図に完全以上に乗ったと思われるが、日本のほぼ全メディアが、実際には被害者である市民を犯人と決めてかかり、その筋書きを真実らしく印象づけるためにあらゆる方法で報道競争を展開した。重大犯罪であり、かつ真犯人であるオウム真理教から目を逸らさせる援助をもしたのであった。メディアの死、というべきであろう。同種のことが、攻撃対象を取り換えながら日々展開されている。大本営発表を無批判に前提にするような日本の報道の根源である記者クラブ制度――認められた構成員以外の取材を排除する独占・不公正取引に当たり、ここから問題が生ずるとされている――については、原発事故に関しての独自取材を欠いた報道の事例も含め、海外メディア特派員からの批判もある。[16]再検討を要する。

こうした報道は、タレントやスポーツ選手のスキャンダルから始まって、要するに非難、批判、吊るし上げ、魔女狩りに属す。すべての報道が、どのチャンネルでも同じ話題を扱っているワイドショーになっている。「売らんかな」の精神が支配する。目的は視聴率、部数、利益にあり、ブームに乗ろうとするだけであって、問題関心や使命感があっての報道ではないから、波が過ぎればすぐに捨て、忘れてしまう繰り返しになる。

この近視眼で卑小な利益追求が、既得権狩りに発し、小さな政府、規制緩和、負担忌避、ひいては不安、不信、格差、共倒れ、不効率に帰結する社会潮流をつくり出し、日本経済の足を引っ張る重要な一役を演じてきたのである。その点でメディアは停滞に責任がある。

フラストレーションを基盤とする魔女狩り衝動が外に向かうとナショナリズム・排外主義となることは、容易にみてとれる。そうした精神の不健康状態を解き明かし、自省する材料を提供するのでなく、それに便乗して排外衝動を煽る商品を大量に販売してきた。結局、新しいものはなく、戦前のメディアの「暴支膺懲」を繰り返している。「地域・民族・職業・国家を、概念化して好悪をきめるということから、どのようにして抜けだすかというのが、古来、知性というものの第一歩の作業」とした司馬遼太郎の喝破に尽きる。[17] このような現状に挑もうとするジャーナリストが、メディアの組織の中から、起ってほしい。一人でも多くの桐生悠々、石橋湛山の姿がみられることを望む。

もっとも、経済学者もその埒外にあるわけではない。論壇、論者の側も売らんかなになっている。専門家ではなく、コンビニ・コメンテーターが多用される。まじめな論者でも、次々に押し寄せる情報の中、多忙で、落ち着いた総括や自省の余裕がない。主張も論争もあるが言いっ放しに終わり、明らかに結果が出た時点ではすでに忘れられてしまっていて、判定も決着も、したがって次に活かされるべき知識も明確にされない。これも反省されるべきである。

ネット書き込みの世界

現代では、マスコミだけでなくインターネットの世界も重要なメディア＝情報媒体になっている。ネットが媒介する情報の種類にはいくつかあるが、特徴的なのは「書き込み」といわれる短文の匿名投稿である。[18] その性格は、フラストレーションから魔女狩りの衝動へという点では、マスメディアと違わない。

16　マーティン・ファクラー（二〇一二）。著者はニューヨークタイムズ東京支局長。
17　『司馬遼太郎が考えたこと』一四（新潮文庫）、二二九ページ。

そこは、最低線の知性もモラルも果てたところである。独自の主張はない。論ずるということは行われない。好きか嫌いか、どちらかを叫ぶだけである。好きな場合は「神!」か「いいね!」、嫌いな場合はたとえば「朝鮮人!」という言葉を投げつけるという不思議なパターンが決められている。この点で、「ネトウヨ」は右翼の一部と呼べるか疑問であり、思想どころか、個性も、独自の思考さえもなく、大量生産され型に嵌められた反応がみられるのみである。匿名であるから、自分は安全地帯にいて、絶対無責任発言ができる。一見、孤独なアウトローの叫びのようにみえるが、必ず賛同者がいるであろうことを見越した甘えの上でのものである。いじめに加わる末端共犯者タイプの群れに近い。

外見は違うが、結果としてマスメディアも本質的に同じことをしているのではないかと振り返っていただきたい。

18　この世界に詳しくなくても（筆者もそうであるが）、テレビ画面の下方に出てくる「視聴者のつぶやき」などと称するものによっても、その無責任と没主体性は推測がつくと思う。

第6章　現在と将来

1　ナショナリズム

北東アジアに外交はない

前章までで、日本経済が陥っている停滞＝悪い均衡の仕組みの描写をほぼ終えた。本章は結びとして、直近の経済および政策の状況、主に安倍政権の経済政策――いわゆるアベノミクス――の推移と、今後めざすべき方向について述べる。今後については、これまで分析してきた停滞の原因から導くことができる脱却の方向を、あらためて簡略に整理する。

まず日本の国際的な立ち位置について考えたい。もっとも筆者は専門家ではないので全面的な考察はできず、また近年特に摩擦が多いことから、日中韓を中心とする東アジアについて主に論ずる。

日本におけるナショナリズム、排外主義の衝動が、フラストレーションからくる魔女狩り症候群の外向け延長と考えられることはすでに記した。日本がアジアのトップランナーであるという明治以来の常識がいくつかの分野で崩れ始めていることもストレスになっており、中国と韓国はその主な競合相手である点や、外交態度に国際的慣習に照らして異例の強引さがある点から、国民感情が特に悪く、紛争も多くなっている。香港やシンガポール、台湾、あるいは北朝鮮に対する感情とは明らかに質が違うであろう。

そこで、筆者のゼミにたまたま日中韓の学生が複数名ずついた年、夏の合宿で総勢二〇人に三国の関係について半日かけて討論してもらった。筆者は意見を言わず聞くだけにした。それぞれ異なる歴史教育やマスコミ報道で育ってきているので、独自の異論もあったのは当然であるが、ゼミ長がおおよそまとめた結論は次のようであった。

――この三国の間には外交がない。いずれの政府も国内向けのパフォーマンスが中心で、過多である。それは各国民の利益に適うものではなく、見直されるべきである。――

これは冷静な思考であると思われ、筆者は正直なところ安堵すると同時に感心した。危惧される問題は、商業メディアと商業論客とでつくる世界がこれよりはるかに視野狭隘で知性を欠き、さらにその口真似をする政治家の割合が増えていると思われることである。

日本の立ち位置

以下のことはほぼ明らかである。今後、アジアの成長率はやや下がってくるものの、世界経済のなかで比重を増し続けるであろう。そのうちで中国が突出したパワーを持ち、南でインドがそれに次ぐ。日本にとっては、この地域で深刻な紛争・混乱が起き、経済社会問題の解決に集中できなくなる事態は望ましくない。またすでに言い古されているが、アジアの発展という条件を日本経済に活かしていく（内に取り込んでいく）ことは不可欠である。

中国は、経済発展を実現する環境を確保するため世界に対して控えめに行動する戦略をとってきたが、GDPで二位に出るころから態度を変え、アメリカと対抗する超大国の位置という目標を明確にするとともに、いうなれば覇権主義的な、国際慣習からみて強引で周囲との軋轢を辞さない行動をとり始めた。

このような条件のもとで、日本にとって、局所的視野で反中・嫌韓感情を煽る冒険も、実際に紛争を起こすに至ることも、愚行である。一方、ただ「友好」を唱えていればよい時代もすでに終わった。アメリカの（目下の）同盟国の位置を徹底し、中国を（友好的または覇権的な）主導国とするアジアと対峙する、というのも愚かな選択である。逆にアメリカと決定的に対峙するアジア圏というのも現実的でない。

こう考えると、アジアにおいてどの一国も突出した覇権を持たないようにしていくことが、日本の戦略たるべきであろう。信頼されるチェック役を果たし、バランスを図ることが基本となる。そのために、まず韓国およびASEANとの連携が不可欠の重要性をもつ。この点から、韓国との摩擦は戦略的に有害である。その周囲をモンゴル・中央アジアからインドに至る諸国・民族との互恵的関係で囲む。ロシアも考慮すべき要因である。いかなる一国も突出した覇権を持たず、域内諸国にとって互恵的利益をもたらす内容のアジア連携枠組みを追求する。それは米および欧州と並ぶ三極となる。他方で、アメリカとの架橋も維持する。それによって日本はアジア連携体とアメリカの双方に足をもつポジションをとる。その他の地域ファクターにも目を配るべきことはいうまでもない。互恵的連携、牽制、そして自力の国際競争展開は並進させるべきものである。このように想定していくほかないのではないか。

２　「アベノミクス」

「アベノミクス」の性格と内容

直近の経済の状況に関しては、二〇一三年初の安倍内閣成立以来の経済政策（いわゆるアベノミクス）を中心に概観する。

それは当初、（１）金融超緩和政策、（２）財政拡張政策、（３）「成長戦略」すなわちサプライサイド強化政策――規制緩和、法人減税など構造改革と、特定産業振興政策（ＩＳＰ：Industry Specific Policy）の混合――を「三本の矢」とした。なお安倍内閣は（３）を中心に経済産業省の影響が強いとみられる。その後、産業競争力会議・各分科会や経済財政諮問会議の審議と並行して、各年度版「日本再興戦略」、「アベノミクス第二ステージ」などの形式が発表された。追加されたのは、労働力不足対策（労働力確保策）とみられる女性活躍策や長時間労働是正、賃金引き上げ指導、地方振興策、名目GDP目標提示などである。その項目はきわめて多数かつ広範囲にわたり、各省庁が現在掲げうる政策の多くを列挙したものといってもよい。そのため「アベノミクス」の内容が何であるかは分散的でわかりにくく、主なベースになっている理論や思想も不明瞭である。

マクロ政策は、小泉内閣や第一次安倍内閣とはほぼ正反対に、拡張・刺激型の介入主義をとっているが、同じ安倍内閣の下に乱立している観のある審議会等のなかには、「岩盤規制」「特区」などのコピーを打ち出して規制緩和を重視しようとする動きやグループ（分科会やワーキンググループなど）もある。たとえば産業競争力会議や規制改革会議では雇用の規制緩和を議論・提言し、ホワイトカラーエグゼンプション導入や「解雇の容易化」案は激しい批判を受けた。それら前時代の新自由主義的潮流を引き継ごうとする提案は、人々の不安を高めて支出を萎縮させる（報道されるだけでその兆候がみられた）点で、「アベノミクス」全体の拡張指向に逆行する不整合な存在であるといえる。

右のような混在性は政治戦術としては便利であろう。不明瞭で多様な側面を含んでいるため、選挙の際には、成果の面を強調し、不成功面は沈黙するか外的な不可抗力によるものと論ずることで、まだ進行中・努力中であって引き続き期待すべきと主張することができる。一方、当初の公約として「デフレ脱却」を二年ほどで達成するという期限を付したことは、右の利点に反するデメリットになりうるものであった。この最重要公約は実現されず、成功のシナリオは崩れた。そのため次々に政策を追加することが必要になっていると考えられる。

このように複雑で不明瞭とはいえ、「アベノミクス」の特徴点は何かと問いを立てるならば、ギャンブル的に（超）拡張的（expansionary）なマクロの金融・財政政策であり、分類すれば古典的なケインズ主義に属すことになる。その点からは、ブレーンでは浜田宏一氏や本田悦朗氏などの思考が中軸ということになろう。

中心をなす金融緩和政策について、貨幣数量説であるとの評価があったが、これには無理がある。オリジナルの貨幣数量説（Quantity theory of money）は、モノ（real）とカネ（monetary）の世界の二分法（貨幣＝ヴェール観）に立ち、貨幣流通量の変化はもっぱら物価を比例的に変化させて、実質経済規模には影響しないとするものである。したがって、物価上昇から実質経済活動の拡大につなげようとする「アベノミクス」とは、本質的に異なる。貨幣量が増えれば――増やすことができれば――物価が上昇することは、貨幣数量説に限らず、あらゆる経済理論が同意する。そして長期には貨幣量は実質経済規模に影響しないことも、すべての学派が一致する。

見解が分かれるのは、短期的に貨幣量が実質経済規模に影響するか否かに関してである。オリジナルな貨幣数量説は影響を否定する。M・フリードマンは、短期的には人々が物価変動による自らの経済的得失を錯覚している間は影響する可能性を認めるが、錯覚が解消する長期には無効、かつ有害（主にインフレ昂進のこと）とする。合理的期待派は全否定する。これに対してケインジアンは影響を肯定する。一九三〇年代の現実に当面したケインズ自身と、初期ケインジアンからアメリカ・ケインズ主義への流れは、深刻な不況・停滞時には金融政策の効果（貨幣量増加→実質経済規模増加）はごく弱く、財政政策の効果が大きいとしたが、これは具体レベルでの判断であって、原理的には（条件しだいでは）金融・財政政策の有効性を肯定する理論構成になっている。そして右の「条件しだい」に関わって現在の拡張派が援用する新しい要素が予想（expectation）ということになる。

すなわち、金利がゼロにまで下がったときには、通常の金融政策のルート（貨幣量増加→金利低下→支出増加）が働く余地はもうないが、意表を突く規模のベースマネー増加と物価上昇目標との併用によるマインドへのショックを通して予想物価上昇率を引き上げ、一気に支出増加を引き出す可能性に賭ける、というのが黒田東彦日銀総裁の主たる狙いであったとみられる。[1]リフレ派はベースマネー増加が乗数倍のマネーサプライ増加をもたらすと単純に想定するのに対し、黒田氏はそれほど素朴ではなく、そのプロセスをスキップして心理作用に依拠することを主に狙った。これに対して貨幣供給内生説派（筆者も含む）は、貨幣供給は銀行の貸出行動を介するがゆえに（そのままでは）マネーサプライ増加が生ずること自体、困難と考える。

ここで焦点になるのは、物価上昇予想の動き、銀行貸出とマネーサプライの動き、支出に影響する他の要因の動き、ということになる。

1　このほか長期金利を引き下げる効果、リスクプレミアムを下げる効果、資産価格を押し上げる効果、円安を引き出す効果も狙ったとみられる。

デフレ脱却政策三年間の経過

右の三点に留意しながら、二〇一三年度以降の「アベノミクス」のもとでの経済動向を概観してみよう。表6-1は、二〇一二年度から二〇一六年四月時点までの主な経済指標の動きである。すべて対前年（同期・同月）比増減（%）で、取り上げたのは、年度および四半期の統計が実質GDP成長率と法人企業の営業利益（財務省法人企業統計・全産業）、年度および月次統計が鉱工業生産指数、消費者物価指数、現金給与総額、実質賃金（現金給与総額―消費者物価指数で計算）、家計消費支出、である。なお煩雑化を避けるため表には掲げていないが、このほか重要な指標である貨幣データは、日銀によるベースマネー供給が、二〇一三年度四四・〇%、一四年度三九・三%、一五年度三二・一%と激増を続け、直近（二〇一六年八月時点）で残高四〇二兆円、日銀当座預金も三〇一兆円まで急激かつ大幅に積み上がっている。これに対してマネーサプライ（M3）は、右と同じ順に、三・一%、二・七%、二・九%増であり、ほとんど横ばいに近いという乖離を示している。

表に戻ると、まず企業の営業利益が二〇一三年度以降好調に推移している。これに対して鉱工業生産は「アベノミクス」導入当初の二〇一三年度に三・二%増加したのち、小幅なマイナスに落ち込んでいる。GDPも同様の傾向にある。この理由は何であろうか。

安倍経済政策チームの診断によれば、デフレが焦点的な問題であって、物価上昇を起こすことさえ

表6－1　最近の主な経済指標の動き

	実質成長率	鉱工業生産	営業利益	消費者物価	給与総額	実質賃金	消費支出
2012年度	1.0	▲2.9	2.7	▲0.2	▲0.7	▲0.5	1.6
2013年度	2.0	3.2	21.5	0.8	0.1	▲0.9	0.9
2014年度	▲0.9	▲0.5	9.7	2.8	0.5	▲2.3	▲5.1
2015年度	0.8	▲1.0	5.9	0.0	0.2	0.2	▲1.2
2014年1月		10.6		1.3	▲0.2	▲1.5	1.1
2月		7.0		1.3	▲0.1	▲1.2	▲2.5
3月	5.0	7.4	28.8	1.3	0.7	▲0.6	7.2
4月		3.8		3.2	0.7	▲2.5	▲4.6
5月		1.0		3.4	0.6	▲2.7	▲8.0
6月	▲7.9	3.1	11.2	3.3	1.0	▲2.3	▲3.0
7月		▲0.7		3.3	2.4	▲0.9	▲5.9
8月		▲3.3		3.1	0.9	▲2.4	▲4.7
9月	▲2.6	0.8	3.8	3.0	0.7	▲2.3	▲5.6
10月		▲0.8		2.9	0.2	▲2.7	▲4.0
11月		▲3.8		2.7	▲1.5	▲4.2	▲2.5
12月	2.5	▲0.1	7.0	2.5	0.9	▲1.6	▲3.4
2015年1月		▲2.6		2.2	0.6	▲1.6	▲5.1
2月		▲2.0		2.0	0.1	▲1.9	▲2.9
3月	4.6	▲1.7	▲0.1	2.2	0.0	▲2.2	▲10.6
4月		0.1		0.3	0.7	0.4	▲1.3
5月		▲3.9		0.1	0.7	0.6	4.8
6月	▲1.4	2.3	20.5	0.1	▲2.5	▲2.6	▲2.0
7月		0.0		0.0	0.9	0.9	▲0.2
8月		▲0.4		▲0.1	0.4	0.5	2.9
9月	1.4	▲0.8	11.2	▲0.1	0.4	0.3	▲0.4
10月		▲1.4		▲0.1	0.7	0.8	▲2.4
11月		1.4		0.1	0.0	▲0.1	▲2.9
12月	▲1.1	▲2.1	7.8	0.1	0.0	▲0.1	▲4.4
2016年1月		▲4.2		0.0	0.0	0.0	▲3.1
2月		▲1.2		0.0	0.7	0.7	1.2
3月	1.9	0.2	▲1.8	▲0.3	1.5	1.8	▲5.3
4月		▲3.3		▲0.3	0.0	0.3	▲0.4

＊対前年（同月）比：　%：　▲は減：　実質賃金は給与総額－消費者物価

できれば日本経済の復活は容易になるとされた。この点はどうであったか。消費者物価指数は二〇一二年度▲〇・二%低下のあと、一三年度〇・八%上昇に転じ、一四年度は二・八%上昇となった。これは二〇一四年四月からの消費税率三%引き上げ（五→八%）の効果を含み、うち二%が消費税転嫁分とみられたから、残りの純物価上昇は一%弱となる。なお、この効果が一巡した二〇一五年四月以降の変動はゼロ%前後である。一方、現金給与総額ベースの賃金は、二〇一四年度〇・五%、一五年度〇・二%上昇にとどまった。そのため実質賃金は二〇一四年度に▲二・三%の大幅下落となり、一五年度が横ばいであったため、一四年度の大幅下落分が取り戻されることなく、水準低下が組み込まれた。二〇一五年春闘に続き一六年春闘でも、そもそも労働組合側の賃上げ要求が二〇一四年度の目減り分の回復にさえ及ばず、[2] 経営側はそれさえも拒否するという事態が生じた。影響力の強いトヨタ労使がその典型であった。二%を超す実質賃金の下落は、二〇一四年度消費支出の▲五・一%という大崩れをもたらし、鉱工業生産、GDPを下押しした。月次データから以上が明白である。

物価が上昇すれば単純に望ましいというものではなかった。相対価格が変化すればその効果も表れる。とりわけ賃金が物価に反応しないと、きわめて大きな不均衡、マイナス効果を生ずることが示された。デフレ脱却からの好循環の想定は、物価上昇による実質賃金低下分を最低限回復する賃上げを見込まなければならないし、安倍チームも見込んでいた。ところが、もちろんラグはありうるものの、あらかじめわかっていた一四年四月の物価上昇のショックから二年以上経過しても反応はみられない。直近（二〇一六年入り以降）の実質賃金のプラス化は、むしろデフレ状況への逆戻りによるものである。

この労働市場の反応の不全に、現在の日本経済のボトルネックがある。労使の交渉力が一方的に偏り、買手独占の弊害が甚だしく表われているといえる。

右の反応不全は、大企業、正規雇用、組織労働者セクターで特に目立つ一方、人手不足業種のパート・アルバイト時給上昇など、需給逼迫分野での賃金上昇がみられつつある。この点は要注目である。少子化による若年労働力不足基調が当面続くと考えられるから、相対的低賃金分野の賃金上昇が先行し、春闘での賃上げ実現につながっていくことが望ましい。[3]

対応としては、政労使会談で賃上げを要請する逆所得政策は、より強化しつつ当面継続すべきであろう。これ以上に、経済行動に働きかける実体的メカニズムを伴う政策が必要とされる。賃上げ・支出誘導的な法人税制措置は緊急に考えられてよい。より長期的には、日本の労働側の交渉力を引き上げる政策として、前述した労働基準監督行政の強化のほか、労働組合あるいは従業員過半数代表の組織や活動を後押しする法制上の助けも検討する価値がある。

2　連合によれば、一六年春闘のベア要求平均（定昇除く）は一・三%であったとされる。

3　賃金上昇は不可避なのであり、もし何らかの方法でそれを抑え込むなら日本経済を深く沈めることになる。企業は根本からの業務の見直しの機会とすべきで、賃金上昇に対応できない企業は当然退出することになる。

金融超緩和政策

実質賃金の動向が現在の日本経済の焦点であることを以上でみたが、そのほかでは、「アベノミクス」開始当初に財政出動の効果がみられ、また金融超緩和が資産市場に作用した。

資産市場では、円安（円高）→株価上昇（株価下落）という連動が、市場の条件反射的反応として定着している。円安が輸出産業の好条件となり、それがネットで日本の産業にプラスであって、株価を上昇させるというストーリーが定着しているということである。

円ドル相場は、二〇〇七年の一ドル＝一一八円水準から上昇して、二〇一二年初には八〇円前後の円高水準にあったが、同年中に緩やかな円安化をたどり、安倍政権発足が確実になると円安化は加速、二〇一五年には一ドル＝一二〇円台に達した（その後二〇一六年には再び円高方向に戻っている）。対ドルだけでなく各通貨との加重平均である（名目）実効レートでは、円安化はさらに大幅で、変動相場制移行（一九七三年）後の最安値水準となった。それを材料に、日経平均株価は、二〇一二年五月のボトム約八五〇〇円から二〇一五年七月二万六〇〇〇円弱まで上昇した（二〇一六年には円高に伴って再び下げている）。

この二〇一二年からの円安化は、以下の要因で生じたと考えられる。

第一は経常収支の赤字化（黒字縮小）トレンドへの転換である。円レートは一九七〇年代以来上昇トレンドにあり、それは購買力平価、累積経常収支という長期の為替決定要因に沿うものであった。[4] しかし高齢化の進展はマクロの貯蓄を低下させ、経常黒字縮小から赤字化方向に向かわせる。[5] これが長期の趨勢としての円安化の基盤になっている。これに短期要因として原発事故に伴うエネルギー輸入増加が加わり、経常黒字縮小（赤字化への方向）の傾向が顕在化した。

第二に〝Flight to quality〟の動きの一段落である。Flight to quality（質への逃避）は最近の通貨問題について頻繁に使われる用語で、より安全な資産に避難することを指す。二〇〇八年からの円高の背景には、リーマン・ショック後の米・欧金融システムのリスク、さらにアメリカの「財政の崖」問題への懸念から、使い勝手のよい通貨の中で相対的にリスクが低いとされる日本円への避難→円買い→円高という動きがあった。右のリスクが一段落したとみられ、この円高要因がなくなったのである。なお、破綻に近い財政状態を抱える日本円が損失回避先として扱われるのは奇妙ではあるが、日本の

4　為替レート（の変化）は、長期的には二国間の物価の比（の変化）によって説明――相対的に物価が上がった国の通貨価値は下がる＝購買力平価説――され、中期的には経常収支（の累積）による――経常黒字は外貨の流入超→外為市場での過剰→外貨売り・円買い→円高をもたらす――と考えられる（その逆は逆になる）。これは変動相場制移行後の事実と対応している。

5　マクロのバランス上、投資は需要を、貯蓄は供給を代表し、貯蓄>投資 は 輸出>輸入、すなわち経常黒字に対応する。高齢化は、貯蓄を取り崩す世代が増えることから、マクロの貯蓄を減少させ、経常収支を黒字縮小―赤字化の方向に向かわせる。

税水準は低く、増税＝財政再建余地は大きいとの見方を基盤にしているとみられる。

第三は「円キャリー・トレードの巻き戻し」の一段落である。日本は他の先進諸国より先にゼロ金利に入ったため、低利の円を借りて他通貨に転換（円売り）し運用する「円キャリー・トレード」が盛行した。しかし二〇〇八年リーマン・ショック以降、米・欧もゼロ金利域に入って右の条件がなくなり、「巻き戻し」（返済のための円買い）となった。これによる円高の要因が終焉して、円安に動いた。

第四が心理面の「アベノミクス」期待である。右のように円安化要因が生じ、実際に安倍政権成立以前の二〇一二年中にも円安へ動いていたが、さらに大胆なベースマネー供給＝緩和をアナウンスする「アベノミクス」への期待というマインド面から、相場は一気に動き出した。金利低下による通貨安という通常のメカニズムが働く余地はもう存在しなかったから、論理を伴わない期待の動きによるものといえる。何らかのイベントをきっかけに一気に市場が動き出すケースとしては、一九八〇年代前半に日本の経常黒字／アメリカの赤字の累積で円高・ドル安への圧力は高まっていたものの、一九八五年九月のプラザ合意を号砲として堰を切った例に近いであろう。「アベノミクス」が効果を発揮して日本経済が上向きになれば日本買い＝円高になるというストーリーもありえたが、市場で主流となるストーリーは論理や実証分析で決まるわけではない。加えて、第二章でもふれたように各市場の主たるプレーヤーは異なり、日本については債券市場がドメスティック・プレーヤー中心であるのに対して、外国為替市場と株式市場は海外勢中心になっている。相場も海外市場での動きが大きい。そして、現在でも「外国のことはよくわからない」のが実像で、細かい論理や事情は問われないということも、ここに表われている。

以上のように、異次元金融緩和を含む「アベノミクス」は、他の要因とともに、主に心理面での契機として、大幅な円安を生じさせた。[6] 円安は、第一に、主に自動車などの輸出産業大企業を上向かせた。従来と異なり、これら企業は価格引き下げによる販売量増加でなく、価格据え置きで円手取り収入増加という行動をとって、売上額・利益の増となった。第二に、反面で円安は輸入物価を上昇させる。この時期、実際には原油をはじめ国際コモディティ価格は下落したので、円安がなければ得られた輸入原材料費低下の利益が削減されたというのが正確であろう。このデメリットを蒙ったのはもちろん輸入型・非輸出型産業であり、中小企業セクターに目立った。第三に、前述の通り株価を上昇させ、それは日本産業・経済全体に対して好条件となった。ただし、二〇〇三年のボトムからの株価上昇が景気上昇に与えたインパクトには及ばなかった。

外国為替、株式という資産市場は金融超緩和に反応した。いくつかあるシナリオのうちで狙い通りの心理反応が起きたという意味で、この賭けは成功したといえる。ただし最終目的は物価の上昇→実質経済活動の拡大であり、ここでは、マネーサプライの増加、物価の上昇、実質経済活動の拡大のいずれも生じていない。そもそも出発点であるマネーサプライが横ばいを続けている。

6　このように一要因であって、「アベノミクスが円安をもたらした」「アベノミクスによる円安」といった表現は、限定なしで受け取るとすれば正しくなく、また主たる要因であることも確定されない。

この理由は、第二章でみた通り、ベースマネー（中央銀行→市中銀行）がマネーサプライ（市中銀行→非金融部門）につながるには、市中銀行の――リスクテイク限度制約付きの利潤最大化追求を原理とする――貸出行動によって媒介されなければならないという内生的構造があり、ここで波及メカニズムが目詰まりを起こしていることにある。波及が起こるためには、財市場の取引が活発化して必要貨幣量（貨幣の取引需要）が拡大しなければならない。その要点は支出の拡大である。

これを伴わないベースマネー供給の増加分は、日銀当座預金（当預）に滞留する。ベースマネーも無コストではないから、必要量以上は返済され、中央銀行に還流して消失してしまう。[7] 消失せずに日銀当預への滞留にとどまるには、当預に付利しなくてはならない。財政支出を拡大してそれを中央銀行がファイナンス（monetization）すること、および政府紙幣を発行することは、「ヘリコプター・マネー」の発想である。ともに財市場での支出（総需要）と貨幣市場での貨幣供給を同時に拡大するアイデアであるが、その成否は財政支出拡大が総需要拡大に結びつくか（すなわち乗数）に依存する。総需要拡大が定着したものにならなければ、ヘリコプターから撒いたマネーであっても中央銀行に還流し、または政府紙幣の発行分だけ中央銀行券が還流するのである。

日銀当預に巨額が滞留する現状を変え、市中銀行が貸出にシフトする「リバランス」を起こさせる狙いで、日銀は当預の一部をマイナス金利とした（マイナス金利政策）。このシフトは市中銀行のベースマネー保有量が固定している当面については考えられるが、それが可変となる時間を経ると、市中銀行はベースマネー保有量を減らそうとするであろう。儲からないどころか損になる（マイナス金利）のならもう不要ということになる。ベースマネー供給手段である国債買いオペという最重要政策が実施できなくなる（売り応じる市中銀行がなくなる＝札割れ）。これを避けようとすれば、日銀は不採算な高値で国債を買うほかない。そして現に、国債市場でマイナス金利――得られる金利と元本償還額を上回る高値――が成立しており、買手のほとんどが日銀になっている。

もともと超低金利とは国債の超高値（見方によっては国債バブル）状態であり、その価格下落のリスクは高い。通常は国債は安全資産とされるが、今はそうではない。したがって現在は、国債価格下落による損失のリスクを日銀に集中している過程にあるといえる。今後の事態収拾策、いわば出口戦略の準備の必要が高まりつつある。Contingency planを準備しないと市場が動揺しかねない段階が迫っている。望ましい唯一のシナリオは、危機が起こる前に、何らかの事情で、前記の財市場での支出増加が生ずることである。パート・アルバイト時給の上昇から全般的な賃金上昇に点火する動きが期待される。

7　市中銀行が中央銀行からベースマネーを入手するとき、中央銀行貸出を通じても、買いオペを通じても、利子コストを支払わなければならない。等価交換だから無コストであるというイメージは基本的な誤りである。すべての金融取引は、利子支払を含んで等価交換なのである。

3　悪い均衡からの脱出

これまで、日本経済が陥っている悪い均衡の構造を分析してきた。またその過程で、各分野において望まれる改編の方向も考えた。ここであらためて悪い均衡からの脱出の方向を簡潔に整理し、結びとしたい。

企業の再生

企業分野では、次のような改編を必要とする。

●独自の環境条件分析にもとづき、他と異なる独自の戦略を立てること（差異化）に力点を置く。そうでなければ横並びパターンから距離をとることができない。

●環境条件分析に際して顧客のリアルなニーズの把握を最重要とし、それと技術開発との距離を縮める。これを欠くとガラパゴス化現象の恐れを回避しにくい。

●資源投入の最小化という本来の効率化に沿って、長時間労働という過剰投入を是正し、根本からの業務の見直し、合理的な組み替えを実施する。〝残業なしの効率向上〟がその際の基準としてふさわしい。現状のままでは、無理を強いる社会生活が続くだけでなく、前線敢闘に依存し不合理・不効率を含んだ業務体制が継続する。

●低人件費コストに依存しようという意識と訣別し、効率向上に集中する。サービス残業等の違法行為、非正規雇用利用への依存とも手を切る。現状のままだと、社会的な不健康、不安、支出の萎縮が続く。

●企業部門が資金余剰を続けている異常事態に対しては、労働分配率の上昇、独自戦略にもとづく投資の増加によるほか、余剰資金の公的ルートでの活用の拡大が基本的な対応の考え方になる。そうでなければ、企業の資金余剰、家計の支出委縮、政府の大幅赤字という不均衡、資金活用の不効率が続く。

●企業活動の評価が短期的視野に陥ることを避け、長期的な競争力強化の視点を重視する。ファンドを中心とする株主に対する視点の基本も同様である。経営執行部の権限と責任の明示化・明確化、チェック機能・機構の強化がガバナンス向上の両輪であり、トップＯＢの影響力を残す慣習は廃す。

●雇用に関するミスマッチを軽減するため、新規採用・転職を問わず長期のインターンシップ制度を活用する。現状のままでは、非流動性とミスマッチ、「統計的差別」の不効率が継続する。

●開業を税制や金融の面からサポートする。金融面では担保と個人保証への過度依存を離れ、また外部からの審査でなく、伴走して育成する観点をもつべきである。開業率の向上や再生・承継による企業資源流動化は社会を活性化する。

ミニマム保障社会

公的分野では、次のような改編を必要とする。

●社会保障は、財政的制約を踏まえ、ミニマムの保障、個人選択制、分立した制度の一元化を基本とする改革に緊急に着手する。それなしに「一文吝みの百失い」的な利害関係の硬直による先延ばしを続けるならば、財政破綻か、社会保障の無原則引き下げ・不充足による不安と萎縮のいずれか、または双方に行き着く。

●今後、単身世帯、非持家世帯を中心に住宅保障政策の重要性が増す。

●当面、プライマリーバランスの早期均衡化を目標とし、財政の維持を図る。税・公的負担の引き上げは不可避である。「増税の前に節約を」というフレーズを繰り返している限り、企業と富裕層の資金余剰、家計の支出萎縮、政府の大幅赤字という不均衡、資金活用の不効率が続く。

●税制では、直接税改革を最優先課題とする。まず所得税と法人税で過去に可能であった税収（四〇兆円台後半）の回復を図る。消費税主力の考え方を改めた上で、状況をみて税率一〇％に引き上げる。消費税主力主義はもはや現状にまったく合っていない。今後は応能原則が最も重要である。

●所得税は累進度を回復する。所得控除から税額控除に移行して逆進性をなくすとともに、一〇三万円・一三〇万円の壁といった労働阻害要因を廃止する。
●法人税では減免税特例（租税特別措置）を大幅に削減し、課税対象を拡大する。
●公正賃金原則の実現に努力し、最低賃金を大幅に引き上げる。当面、実質賃金の引き上げが日本経済のバランス回復の焦点である。
●少子化対策は社会維持のための最重要課題と位置づけ、保育・学童保育の充実などの政策に財源投入することとともに、働きと育児を両立しやすい職場慣行にするため必要な措置をとる。
●労働違法状態の取り締まり行政および法制を強化する。労働法教育の必修化は緊急の課題である。

国民意識・政治・メディアの再生

国民意識・政治・メディアの分野では、次のような改編を必要とする。
●魔女狩り指向が社会を歪ませていることに深く思いを致す必要がある。ストレス基盤の縮小がその基礎となることはいうまでもない。特にメディアは利益追求のための魔女狩り煽りの罪悪を深刻に反省しなければならない。政治も既得権狩りに便乗する戦術から距離をとるべきである。そして何よりも国民が右のことに自覚的である必要がある。
●独占的な記者クラブ制への依存を廃し、自由な取材、自由で多様な視点からの報道を促す。

●宗教の聖域的な扱いは、その資金が流れることでメディアと政治に偏りをもたらしており、税制も含めて基礎から見直す。

●小選挙区比例代表並立制の弊害の経験を直視し、再検討を開始する。中選挙区制復活あるいは小選挙区比例代表併用制が一つの代案かもしれない。

●官庁は政治家とメディアに顔を過度に向ける状態を修正し、シンクタンク機能の強化と情報提供、それとともに現場に密着した情報収集にもとづく立案の活動を強化すべきである。また特に近年目立っているコンペ方式を利用した強制の手法は廃す。

主な参考文献

池尾和人（二〇〇六）、『開発主義の暴走と保身』ＮＴＴ出版。

──（二〇〇九）、「銀行破綻と監督行政」、内閣府経済社会総合研究所監修（二〇〇九）。

伊藤修（二〇〇一）、「バブル期の『世論』の分析」、香西泰・白川方明・翁邦雄編著『バブルと金融政策』日本経済新聞社。

──（二〇〇七）、『日本の経済──歴史・現状・論点』中公新書。

──・埼玉大学金融研究室編（二〇一〇）、『バブルと金融危機の論点』日本経済評論社。

──（二〇一二）、「内向き・横並びから差異化・多様化すべき」『週刊エコノミスト』一二月二五日号。

岩崎美智和（二〇一〇）、「不良債権処理制度と貸出条件緩和」、伊藤修・埼玉大学金融研究室編（二〇一〇）。

梅田雅信（二〇一三）、『超金融緩和のジレンマ』東洋経済新報社。

大垣尚司（二〇〇四）、『金融アンバンドリング戦略』日本経済新聞社。

翁邦雄（二〇一三）、『金融政策のフロンティア』日本評論社。

小野有人（二〇〇七）、『新時代の中小企業金融』東洋経済新報社。

川本明（二〇一三）、『なぜ日本は改革を実行できないのか』日本経済新聞出版社。

木下信行（二〇一一）、『金融行政の現実と理論』金融財政事情研究会。

ケインズ、J. M.（山岡洋一訳）（二〇一〇）、『ケインズ説得論集』日本経済新聞出版社。

──（松川周二編訳）（二〇一三）、『デフレ不況をいかに克服するか　ケインズ1930年代評論集』、文春学藝ライブラリー。

小池和男（二〇一五）、『なぜ日本企業は強みを捨てるのか』日本経済新聞出版社。

古賀茂明（二〇一一）、『日本中枢の崩壊』講談社。

櫻井宏二郎（二〇一一）、『市場の力と日本の労働経済――技術進歩、グローバル化と格差』東京大学出版会。

佐藤隆文（二〇〇三）、『信用秩序政策の再編――枠組み移行期としての一九九〇年代――』日本図書センター。

白川方明（二〇一二）、「デレバレッジと経済成長――先進国は日本が過去に歩んだ『長く曲がりくねった道』を辿っていくのか」、London School of Economics and Political Scienceにおける講演（アジアリサーチセンター・STICERD共催）、一月一〇日、日本銀行ＨＰ（http://www.boj.or.jp/announcements/press/koen_2012/ko120111a.htm/）

鈴木富久（二〇一五）、『残業ゼロで目標二〇〇％達成――常識を覆すマネジメント』きんざい。

戸部良一ほか（一九八四）、『失敗の本質』ダイヤモンド社（のち中公文庫、一九九一年）。

内閣府経済社会総合研究所監修（二〇〇九）、『バブル／デフレ期の日本経済と金融政策　4　不良債権と金融危機』佐伯印刷。

内閣府経済社会総合研究所監修（二〇一一）、『バブル／デフレ期の日本経済と金融政策（歴史編）3　日本経済の記録　時代証言集（オーラル・ヒストリー）』佐伯印刷。

中野晃一（二〇一五）、『右傾化する日本政治』岩波新書。

西垣鳴人（二〇一三）、「民営郵政が社会的責務を果たす必要十分条件～ドイツ、イギリス、ニュージーランドの国際比較」一般財団法人ゆうちょ財団ホームページ（ttps://www.yu-cho-f.jp/research/internet/report/pdf2/201301.nishigaki1.pdf）

西村吉正（二〇一一）、『金融システム改革五〇年の軌跡』金融財政事情研究会。

原田泰・齊藤誠編著（二〇一四）、『徹底分析　アベノミクス』中央経済社。

氷見野良三（二〇一五）、「本邦のバブル対応——対米比較と教訓——」『ファイナンシャル・レビュー』（財務省財務総合政策研究所）第五号、一〇月。

ファクラー、マーティン（二〇一二）、『「本当のこと」を伝えない日本の新聞』双葉新書。

深尾京司（二〇一五）、『「失われた二〇年」と日本経済』日本経済新聞出版社。

福田慎一（二〇一五）、『「失われた二〇年」を超えて』NTT出版。

船橋洋一編著（二〇一五）、『検証　日本の「失われた二〇年」』東洋経済新報社。

三橋規宏・内田茂男・池田吉紀（二〇一五）、『新・日本経済入門』日本経済新聞出版社。

八代尚宏（二〇一一）、『新自由主義の復権』中公新書。

家森信善・西垣鳴人（二〇〇九）、「ニュージーランドの郵政民営化——『失敗』についての再検証」『会計検査研究』四〇号、九月（www.jbaudit.go.jp/effort/study/mag/pdf/j40d03.pdf）

由井常彦・田付茉莉子・伊藤修（二〇一〇）、『セゾンの挫折と再生』山愛書院。

預金保険機構編（二〇〇七）、『平成金融危機への対応』金融財政事情研究会。

吉川洋（二〇一三）、『デフレーション』日本経済新聞出版社。

Bernanke, Ben and Mark Gertler (1999), "Monetary Policy and Asset Price Volatility", *Economic Review*, FRB of Kansas City, 4.

Galbraith, John K (1952), *American Capitalism: The Concept of Countervailing Power*, Houghton Mifflin.

Hicks, John, R., (1974), *Crisis in Keynesian Economics*（早坂忠訳『ケインズ経済学の危機』ダイヤモンド現代選書、一九七七年）。

Quiggin, John (2010), *Zombie Economics: How Dead Ideas Still Walk Among Us*, Princeton University Press（山

形浩生訳『ゾンビ経済学』筑摩書房、二〇一二年)。
Reinhart, Carmen M. and Kenneth S. Rogoff (2009), *This Time is Different*, Princeton University Press（村井章子訳『国家は破綻する』日経ＢＰ社、二〇一一年)。
Shiller, Robert J. (2000), *Irrational Exuberance*, Princeton University Press（植草一秀監訳『投機バブル 根拠なき熱狂』ダイヤモンド社、二〇〇一年)。
Soros, George (1998), *The Crisis of Global Capitalism: Open Society Endangered*, Public Affairs（大原進訳『グローバル資本主義の危機——「開かれた社会」を求めて』日本経済新聞社、一九九九年。

著者紹介

伊藤　修（いとう　おさむ）

1956年、長野県長野市生まれ。1979年、東京大学経済学部卒業。1984年、同大学院経済学研究科修了。博士（経済学）。大蔵省財政金融研究所研究員、神奈川大学専任講師・助教授・教授を経て、1999年、埼玉大学教授。現在、同大学大学院人文社会科学研究科長。

主な著作に、『日本型金融の歴史的構造』（東京大学出版会、1995年、エコノミスト賞受賞）／『バブルと金融政策』（共著、日本経済新聞社、2001年）／*Japanese Economy and Society under Pax-Americana*（共著、University of Tokyo Press、2002年）／*Economic History of Japan 1914-1955*（共著、Oxford University Press、2003年）／『日本の経済―歴史・現状・論点―』（中公新書、2007年）／*Fiscal and Monetary Policies in Japan—in Stable Growth Period—1972 to 1990*（共著、Ministry of Finance、2010年）／『バブルと金融危機の論点』（編著、日本経済評論社、2010年）／『セゾンの挫折と再生』（共著、山愛書院、2010年）／『山一証券100年史』（共著、極東書店、2011年）／『現代の資本主義と金融』（共著、えるむ書房、2014年）／など。

日本経済《悪い均衡》の正体
――社会閉塞の罠を読み解く

2016年12月26日　初版第1刷発行

著　者　　伊　藤　　修
発行者　　石　井　昭　男
発行所　　株式会社 明石書店

〒101-0021 東京都千代田区外神田6-9-5
電 話　03（5818）1171
FAX　03（5818）1174
振 替　00100-7-24505
http://www.akashi.co.jp

組版　朝日メディアインターナショナル株式会社
装丁　明石書店デザイン室
印刷・製本　モリモト印刷株式会社

（定価はカバーに表示してあります）　ISBN978-4-7503-4459-1

JCOPY 〈(社) 出版者著作権管理機構 委託出版物〉

本書の無断複写は著作権法上での例外を除き禁じられています。複写される場合は、そのつど事前に、(社)出版者著作権管理機構(電話 03-3513-6969、FAX 03-3513-6979、e-mail: info@jcopy.or.jp)の許諾を得てください。

格差拡大の真実

――二極化の要因を解き明かす

経済協力開発機構（OECD） 編著

小島克久、金子能宏 訳

A4判変型／並製／464頁　◎7200円

1パーセント、さらには一握りの高所得者の富が膨れ上がり、二極化がますます進むのはなぜか？　グローバル化、技術進歩、情報通信技術、海外投資、国際労働移動、高齢化、世帯構造の変化などの各種の要因を詳細に分析し、格差が拡大してきたことを明らかにする。

内容構成

概要　OECD加盟国における所得格差拡大の概観

特集　新興経済国における格差

第Ⅰ部　グローバル化、技術進歩、政策は賃金格差と所得格差にどのような影響を及ぼすのか

経済のグローバル化、労働市場の制度・政策、賃金格差の動向／経済のグローバル化と制度・政策の変化の所得格差への影響／就業者と非就業者の格差

第Ⅱ部　労働所得の格差はどのように世帯可処分所得の格差を引き起こすのか

所得格差の要素：労働時間、自営業、非就業／世帯の就業所得の格差の動向：家族構成の変化が果たす役割／世帯就業所得の格差から世帯可処分所得の格差へ

第Ⅲ部　税と社会保障の役割はどのように変化したか

税と社会保障による所得再分配機能：過去20年間の変化／公共サービスが所得格差に及ぼす影響／高額所得者の傾向と租税政策

格差は拡大しているか OECD諸国における所得分布と貧困

OECD編著　小島克久、金子能宏訳　◎5600円

地図でみる世界の地域格差 都市集中と地域発展の国際比較

OECD地域指標（2013年版）オールカラー版

OECD編著　中澤高志、神谷浩夫監訳　◎5500円

メンタルヘルスと仕事：誤解と真実 労働市場は心の病気にどう向き合うべきか

〈OECDメンタルヘルスと仕事プロジェクト〉

OECD編著　岡部史信、田中香織訳　◎4600円

世界の労働市場改革 OECD新雇用戦略

雇用の拡大と質の向上、所得の増大をめざして

OECD編著　樋口美雄監訳　戎居皆和訳　◎5000円

世界の高齢化と雇用政策 エイジ・フレンドリーな政策による就業機会の拡大に向けて

OECD編著　濱口桂一郎訳　◎3000円

日本の労働市場改革 OECDアクティベーション政策レビュー：日本

OECD編著　濱口桂一郎訳　◎3800円

日本の若者と雇用 OECD若年者雇用レビュー：日本

OECD編著　濱口桂一郎監訳　中島ゆり訳　◎2800円

世界の若者と雇用 学校から職業への移行を支援する

〈OECD若年者雇用レビュー：統合報告書〉

OECD編著　濱口桂一郎監訳　中島ゆり訳　◎3800円

〈価格は本体価格です〉

幸福の世界経済史　1820年以降、私たちの暮らしと社会はどのような進歩を遂げてきたのか
OECD開発センター編著　徳永優子訳　◉6800円

OECD幸福度白書　より良い暮らし指標：生活向上と社会進歩の国際比較
OECD編著　徳永優子、来田誠一郎ほか訳　◉5600円

OECD幸福度白書2　より良い暮らし指標：生活向上と社会進歩の国際比較
OECD編著　西村美由起訳　◉4500円

OECD成人スキル白書　〈OECDスキル・アウトルック2013年版〉
第1回国際成人力調査(PIAAC)報告書
経済協力開発機構(OECD)編著　矢倉美登里ほか訳　◉8600円

OECDジェンダー白書　今こそ男女格差解消に向けた取り組みを！
OECD編著　濱田久美子訳　◉7200円

OECD世界開発白書2　富のシフト世界と社会的結束
OECD開発センター編著　門田清訳　◉6600円

OECD規制影響分析　政策評価のためのツール
経済協力開発機構(OECD)編著　山本哲三訳　◉4600円

行動公共政策　行動経済学の洞察を活用した新たな政策設計
経済協力開発機構(OECD)編著　齋藤長行訳　◉3000円

図表でみる世界の保健医療　オールカラー版
OECDインディケータ(2013年版)
OECD編著　鐘ヶ江葉子訳　◉5500円

図表でみる世界の行政改革　オールカラー版
OECDインディケータ(2015年版)
OECD編著　平井文三訳　◉6800円

図表でみる世界の主要統計　経済、環境、社会に関する統計資料
OECDファクトブック(2014年版)
経済協力開発機構(OECD)編著　トリフォリオ訳　◉8200円

図表でみる世界の社会問題3　OECD社会政策指標
貧困・不平等・社会的排除の国際比較
OECD編著　高木郁朗監訳　麻生裕子訳　◉2800円

図表でみる起業活動
OECDインディケータ(2012年版)
OECD編著　高橋しのぶ訳　◉3000円

図表でみる国民経済計算　2010年版
マクロ経済と社会進歩の国際比較
OECD編著　中村洋一監訳　高橋しのぶ訳　◉2800円

マイクロファイナンス事典
ベアトリス・アルメンダリズ、マルク・ラビー編
笠原清志監訳　立木勝訳　◉25000円

国連大学　包括的「富」報告書　自然資本・人工資本・人的資本の国際比較
国連大学 地球環境変化の人間・社会的側面に関する国際研究計画、国連環境計画編
植田和弘、山口臨太郎訳　武内和彦監修　◉8800円

〈価格は本体価格です〉

シリーズ 差別と排除の〔いま〕

【全6巻 完結！】

日本社会の伝統的な差別形態が見えにくくなっている中で、インターネットといった新しい伝達手段の普及もあって、新たな差別と排除が広がっている。従来の類型を超えて「空間」「文化・メディア」「福祉・医療」「教育」「セクシュアリティ」という5つの視点から、現代の差別と排除をとらえるシリーズ。

四六判／上製

1 **現代の差別と排除をみる視点**
町村敬志、荻野昌弘、藤村正之、稲垣恭子、好井裕明 編著
◉2400円

2 **都市空間に潜む排除と反抗の力**
町村敬志 編著
◉2400円

3 **文化・メディアが生み出す排除と解放**
荻野昌弘 編著
◉2200円

4 **福祉・医療における排除の多層性**
藤村正之 編著
◉2200円

5 **教育における包摂と排除 もうひとつの若者論**
稲垣恭子 編著
◉2400円

6 **セクシュアリティの多様性と排除**
好井裕明 編著
◉2200円

〈価格は本体価格です〉

講座 現代の社会政策

《全6巻》

A5判／上製
◎4,200円

いまから約一世紀前の1907年12月、当時の社会政策学会は工場法をテーマとした第一回大会を開催した。その後の十数年間、年一回の大会を開催し社会に対して喫緊の社会問題と社会政策に関する問題提起を行い、一定の影響を与えた。いま社会政策学会に集う学徒を中心に明石書店からこの〈講座 現代の社会政策〉を刊行するのは、形は異なるが、百年前のこのひそみに倣い、危機に追い込まれつつあった日本の社会政策の再構築を、本講座の刊行に尽力された社会政策を専攻する多くの学徒とともに願うからである。

（シリーズ序文〔武川正吾〕より）

第1巻 戦後社会政策論
玉井金五・佐口和郎 編著【第4回配本】

第2巻 生活保障と支援の社会政策
中川清・埋橋孝文 編著【第5回配本】

第3巻 労働市場・労使関係・労働法
石田光男・願興寺皓之 編著【第1回配本】

第4巻 社会政策のなかのジェンダー
木本喜美子・大森真紀・室住眞麻子 編著【第2回配本】

第5巻 新しい公共と市民活動・労働運動
坪郷實・中村圭介 編著【第3回配本】

第6巻 グローバリゼーションと福祉国家
武川正吾・宮本太郎 編著【第6回配本】

〈価格は本体価格です〉

人工知能と21世紀の資本主義　サイバー空間と新自由主義
本山美彦　◉2600円

日本労働運動史事典
教育文化協会編　高木郁朗監修　◉15000円

増補改訂版　共助と連帯　労働者自主福祉の意義と課題
高木郁朗監修　教育文化協会、労働者福祉中央協議会編　◉2500円

地球経済の新しい教科書　金・モノ・情報の世界とわたりあう作法
石戸 光　◉2000円

相互依存のグローバル経済学　国際公共性を見すえて
阿部清司、石戸 光　◉3800円

日本経済の潜在成長力と「東アジア経済圏」の形成　「アジア版ニューディール」に向けて
明石ライブラリー154　蛯名保彦　◉2300円

スモールマート革命　持続可能な地域経済活性化への挑戦
マイケル・シューマン著　毛受敏浩監訳　◉2800円

貧困克服への挑戦　構想　グラミン日本
グラミン・アメリカの実践から学ぶ先進国型マイクロファイナンス
菅 正広　◉2400円

マルクスと日本人　社会運動からみた戦後日本論
佐藤 優、山﨑耕一郎　◉1400円

社会喪失の時代　プレカリテの社会学
ロベール・カステル著　北垣 徹訳　◉5500円

世界をダメにした経済学10の誤り　金融支配に立ち向かう22の処方箋
フィリップ・アシュケナージ、アンドレ・オルレアン、トマ・クトロ、アンリ・ステルディニアック著　林 昌宏訳　◉1200円

格差と不安定のグローバル経済学　ガルブレイスの現代資本主義論
ジェームス・K・ガルブレイス著
塚原康博、鈴木賢志、馬場正弘、鑓田 亨訳　◉3800円

若者よ怒れ！　これがきみたちの希望の道だ
フランス発 90歳と94歳のレジスタンス闘士からのメッセージ
S・エセル、E・モラン著　林 昌宏訳　◉1000円

ヨーロッパ的普遍主義　近代世界システムにおける構造的暴力と権力の修辞学
イマニュエル・ウォーラーステイン著　山下範久訳　◉2200円

まんが　反資本主義入門
エセキエル・アダモフスキ文　イラストレータ連合絵
伊香祝子訳　小倉利丸解説　◉1800円

ユーロ危機と欧州福祉レジームの変容　アクティベーションと社会的包摂
福原宏幸、中村健吾、柳原剛司編著　◉3600円

〈価格は本体価格です〉